SUCC

D. Glenn Foster & Mary Marshall

SUCCESVOL COMMUNICEREN

Omega Boek / Diemen – Amsterdam

CIP-GEGEVENS KONINKLIJKE BIBLIOTHEEK, DEN HAAG

Foster, D. Glenn

Succesvol communiceren in persoonlijke contacten, relaties, zakelijke situaties / D. Glenn Foster & Mary Marshall ; [vert. uit het Engels door Annemarie Vervoordeldonk]. – Diemen : Omega Boek
Vert. van: How can I get through to you? – New York : Hyperion, 1994
ISBN 90-6057-856-2
NUGI 727
Trefw.: communicatie.

Oorspronkelijke titel
How can I get through to you
Uitgave
Hyperion, New York

Vertaling
Annemarie Vervoordeldonk
Omslagontwerp
Sjef Nix

Dit is voor Hilary en Ian,
en Bill en Whitney

Alle mensen zijn een raadsel, tot we ten slotte in een woord of gebaar de sleutel tot de man, tot de vrouw vinden; plotseling komen alle woorden en daden uit hun verleden voor ons in het voetlicht.

Emerson, *Journals* (1842)

Inhoud

Voorwoord door Glenn Foster

Dit is een boek over gedachtenlezen.

Het is een doe-het-zelfgids om inzicht te krijgen in het meest fundamentele verschil tussen jezelf en andere mensen, namelijk je specifieke manier van denken en voelen, en dat verschil in je voordeel te gebruiken.

We verwachten allemaal dat de mensen van wie we houden, weten hoe ze met ons moeten praten, onze behoeften moeten bevredigen en er voor ons kunnen zijn. Ze proberen het ook, en nog wel met de beste wil van de wereld, maar vaker wel dan niet falen ze. Steeds zeggen en doen ze dingen die ons verrassen, frustreren, kwaad maken en volkomen verbijsteren. Op onze beurt zeggen en doen wij steeds dingen die hèn verrassen, frustreren, kwaad maken en volkomen verbijsteren.

Ze begrijpen totaal niet wat we van hen willen, zelfs niet als we het hun proberen te vertellen. Ze kunnen ons niet bereiken omdat ze niet begrijpen hoe wij denken en voelen.

Het is duidelijk dat wij hen al evenmin begrijpen.

Al proberen we het nog zo hard, we blijven allemaal alleen en zijn niet in staat het contact waar we zo wanhopig naar snakken tot stand te brengen. Het is blijkbaar onmogelijk erachter te komen waardoor ieder van ons wordt gedreven en hoe het komt dat we zo heel verschillend in elkaar lijken te zitten.

Vaak zeggen we op luchtige toon, maar toch meer dan een béétje wanhopig: 'Kon ik maar in zijn hoofd kijken...', of: 'Wist ik maar wat er in haar omging...', of ook wel: 'Wie is deze persoon nu ècht?'

Succesvol communiceren is een praktische, systematische stap-voorstapgids waarin je het antwoord op juist deze vragen vindt.

De basis van dit systeem werd twintig jaar geleden gelegd, toen ik bij de Atlanta Police Department met de leugendetector verhoren afnam en tot de overtuiging kwam dat het menselijk oog, oor en instinct op veel nauwkeuriger wijze bedrog kunnen registreren en analyseren dan welk instrument ook.

Telkens weer ontdekte ik dat de stimulatietest – die voorafgaat aan het eigenlijke verhoor met de leugendetector en waarbij men een praatje met de te testen persoon maakt voor hij met het apparaat wordt verbonden – meer van de persoon zei dan de test zelf. Door de manier waarop ze zich uitdrukten, nog afgezien van wat ze feitelijk zeiden, ving ik een veelzeggende glimp op van wie ze in werkelijkheid waren – in tegenstelling tot wat ze me wilden doen geloven.

Het resultaat van deze ontdekking was dat ik in mijn vrije tijd geen apparaten bestudeerde, maar met gesloten ogen in de rechtszaal zat om te luisteren naar wat er werd gezegd en hóe.

Ik luisterde naar de verhoren en kruisverhoren van oude en jonge, intelligente en domme, opgeleide en niet-opgeleide, onverstaanbare en bijna akelig welbespraakte mannen en vrouwen, en naar de opvallende of nauwelijks merkbare veranderingen in hun stem qua toonhoogte, kracht, snelheid en klank. Ik begon de verschillen op te schrijven en merkte hoe hun stem leek aan te geven of ze de waarheid vertelden of juist verhulden.

Ik lette vooral ook op de manier waarop ze niet alleen woorden, maar bovendien pauzes en tussenklanken gebruikten en ik vergeleek daarna mijn bevindingen met de signalen die hun stemveranderingen gaven.

Er ontstonden patronen. Patronen die nauwkeurig aangaven hoe en wanneer iemand probeerde de zaak voor de gek te houden of iets voor anderen, en zelfs voor zichzelf, te verbergen.

In letterlijke en figuurlijke zin opende ik mijn ogen om deze mensen te bekijken. In de manier waarop ze zich bewogen, waarop ze keken of zelfs maar met hun ogen knipperden, zocht ik extra aanwijzingen die in overeenstemming waren met de signalen die hun stem gaf.

Opnieuw ontstond er een reeks patronen, die aansloot op de eerste. Door beide patronenreeksen te combineren, kwam er een duidelijk beeld te voorschijn. Dit beeld liet zien hoe stem en lichaam mensen verraden als ze liegen. Hoe goed men het ook probeert, niemand kan àlle signalen onderdrukken die zijn lichaam uitzendt als hij oneerlijk is. Bovendien komen de signalen veel duidelijker tot uiting wanneer de bedrieger onder spanning staat.

Het laatste bewijs werd gevormd toen bleek dat de signalen die werden uitgezonden door mensen die de waarheid vertelden in alle onderzochte gevallen volkomen anders waren dan die van een leugenaar.

Een compleet systeem voor leugendetectie leek zich uit mijn onderzoek te ontwikkelen, maar observaties en theorieën zijn voor een ondervrager pas van belang als ze bewezen zijn. De daaropvolgende vijf jaar maakte ik van elke gelegenheid gebruik om op alle niveaus van rechtsvervolging – op lokaal, stedelijk, provinciaal, staats- en federaal niveau – mensen onder vier ogen te ondervragen, en aan de hand van het feitelijke gedrag van de honderden door mij ondervraagde mannen en vrouwen mijn bevindingen te testen en te hertesten. Theorieën die deze praktijktest niet doorstonden, vielen af, de overige bleef ik verfijnen.

Ik ontwikkelde technieken om de spraak- en lichaamspatronen van een leugenaar te herkennen en te identificeren, om de leugen nauwkeurig te lokaliseren en om – door hun eigen gespreks- en spraakpatronen te gebruiken en zo hun vertrouwen te winnen – leugenaars ertoe te brengen de waarheid te vertellen.

Met mijn gespreksmethode kon ik steeds beter ook in moeilijke gevallen bekentenissen loskrijgen, en ik werd door gerechtelijke instanties in het hele land benaderd om ze de door mij ontwikkelde technieken te leren.

Zo werd ik voor het eerst gedwongen mijn theoretische onderzoek en praktische veldwerk in een systeem onder te brengen, waardoor opnieuw een – zelfs belangrijker – patroon verscheen. Er bleken slechts vier duidelijk te onderscheiden manieren te bestaan waarop mensen communiceren of, in het geval van leugenaars, níet communiceren.

Het viel me op dat deze vier manieren van communiceren veel overeenkomsten vertoonden met de persoonlijkheidstypen die door de vroegtwintigste-eeuwse psychoanalyticus Carl Jung in zijn baanbrekende werk met abnormale patiënten werden geïdentificeerd. Jung ging echter uit van acht basistypen: vier introverte en vier extraverte.

Daarentegen bleek uit mijn werk dat er, voor zover we het over verschillende manieren van communicatie hebben, in de praktijk slechts vier typen bestaan: één introvert en drie extraverte.

Zodra een ondervrager weet op welke manier iemand communiceert, kan hij door mijn technieken toe te passen de gedachten en gevoelens van die persoon zo goed begrijpen en zelfs voorspellen, en zich zo overtuigend met hem verbinden, dat die persoon ertoe kan worden gebracht de waarheid te vertellen aan degene die hem naar zijn idee, en misschien voor het eerst in zijn leven, werkelijk begrijpt.

De daaropvolgende jaren leerde ik deze technieken-in-wording aan strafonderzoekers in de Verenigde Staten, Canada en Mexico en bleef ik me bezighouden met het ondervragen van extreem halsstarrige verdachten in federale en staatsrechtszaken. Zo maakte ik deze technieken tot een complete en systematische methode.

Deze methode is een holistisch systeem om een menselijk wezen te begrijpen en met hem te communiceren. Door duizenden mannen en vrouwen in het echte leven diepgaand te ondervragen, was ik in de unieke positie mensen als een totaliteit te observeren. Zo kon ik onderzoeken of gevestigde en nieuwe ideeën over de aard en het functioneren van de mens in praktische zin van belang zijn voor het begrijpen van het geestelijke, fysieke en verbale gedrag van één mens.

Als echter het lot en de vrijheid van een man of vrouw afhangen van de wijze waarop ik hun gedrag beoordeel, is er geen ruimte voor getheoretiseer of aardige veronderstellingen. Wat we nodig hebben, is de onbetwistbare zekerheid van feiten: de onverbloemde waarheid.

Toch ben ik veel dank verschuldigd aan de mannen en vrouwen die deze ideeën hebben ontwikkeld en theorieën over menselijke waarneming, emoties, taalgebruik en – vooral de laatste jaren – het functioneren van de menselijke hersenen in fysiologische zin, opgezet en klinisch getest hebben. Ik ben zo vrij geweest uit hun werk te putten, maar heb alleen die delen van hun theorieën en ontdekkingen verder ontwikkeld, waarvan ik empirisch kon aantonen dat ze van invloed waren op de manier waarop mensen in het echte leven met elkaar communiceren. Zo heb ik een 'taal' in kaart gebracht van gesproken en ongesproken, bewuste en onbewuste communicatie.

Aangezien ik me voortdurend bewust was van de behoefte aan praktische toepassingen, ontwierp ik technieken om deze 'taal' te herkennen, te identificeren en te gebruiken. Dit om een ondervrager in staat te stellen iemand te begrijpen en direct op zijn onbewuste taal te reageren, en een dermate goede verstandhouding te creëren dat de bewuste persoon zich niet meer verweert en direct en eerlijk de waarheid vertelt.

Deze methode had zo ongelooflijk veel succes, dat ze niet alleen werd toegepast door de FBI, het Bureau of Alcohol, Tobacco and Firearms (ATF) en andere instanties in de Verenigde Staten, maar ook door de Royal Canadian Mounted Police en Mexicaanse gerechtelijke instanties. Ik bracht vrijwel al mijn tijd door met het geven van cursussen en seminars in het hele land.

Op dat moment waren we zover dat een ondervrager binnen een halve minuut, nog voordat er iets was gezegd, iemands volledige persoonlijkheids- en communicatieprofiel kon schetsen.

Begin 1991 meende ik dat de methode, met haar twee voornaamste technieken van 'begrijpen' en 'reageren', voor toepassing op het gebied van verhoren en ondervragingen zo volledig mogelijk was.

Toen ontmoette ik Mary Marshall tijdens een seminar in Charleston in South Carolina. Zij voegde een derde tak toe, die van de 'respons', en verbreedde het toepassingsgebied van de methode daarmee enorm.

Ze was destijds werkzaam op het gebied van internationaal recht. Dankzij een aanbeveling van een Amerikaanse advocaat die eerder een seminar had bijgewoond, was Mary naar mijn seminar gekomen, enkel en alleen om haar toch al niet geringe vaardigheid op het gebied van ondervragen te vergroten.

Mary's kennis en ervaring beperkte zich echter niet tot het gebied van internationaal handelsrecht. Eerder was ze in Engeland en Amerika vijftien jaar in een heel ander vakgebied werkzaam geweest: de naar haar idee akelig venijnige wereld van het familierecht, met alle ellende van mislukte relatietherapieën en zinloze 'verzoenings'-programma's, die onvermijdelijk leidden tot dwangbevelen, boedelverdelingen, ruzies over de voogdij en in elk stadium verdriet voor alle betrokkenen.

Ze had die periode in haar leven afgesloten met een uiterst ontevreden gevoel over zogenaamd gerechtvaardigde oplossingen voor verwaterende relaties, een intense minachting voor pasklare psychologische verzoeningsmethoden en een diep wantrouwen jegens relatietherapie in het algemeen.

Mary Marshall benaderde de methode plotseling vanuit een heel ander gezichtspunt – en met verbijsterende resultaten.

Aan het eind van de derde cursusdag overviel ze me met vragen. Ze wilde bijvoorbeeld weten wat er zou gebeuren als de ondervrager niet zuiver objectief bleef en puur beroepsmatig zijn 'rol' op zich nam om de ondervraagde zijn geheimen te ontfutselen, maar hem in plaats daarvan plotseling iets van zichzelf toevertrouwde wat hij ook altijd voor iedereen geheim had gehouden.

Natuurlijk antwoordde ik dat geen enkele ondervrager dergelijke informatie zou verstrekken.

Maar stel dat de ondervraagde op zijn beurt in staat was de ondervrager te begrijpen, op hem te reageren en hem dergelijke informatie te ontfutselen?

Ik vertelde haar dat de daaruit voortvloeiende intieme band in een zuiver professionele relatie tussen ondervrager en ondervraagde volkomen misplaatst zou zijn.

Ze antwoordde dat dit niet het geval was bij wat ze alleen kon beschrijven als een wanhopig conflict tussen gewone mensen die radeloos vochten om hun relatie te redden; het was juist een vereiste, iets waarnaar zij en vrijwel iedereen die een relatie heeft of er zelfs alleen maar naar verlangt, al jaren op zoek waren.

Als één persoon kon leren de techniek van 'begrijpen' en 'reageren' met zo veel succes bij een ander te gebruiken, konden twee mensen dan ook met evenveel succes dezelfde techniek op elkaar leren gebruiken?

Kon de methode een andere weg inslaan? Kon ze niet alleen in de wereld van misdadigers en wetsovertredingen, maar ook in de wijdere wereld van gewone mensen, relaties en liefde worden toegepast?

Het antwoord was 'ja'. In theorie tenminste.

Na anderhalf jaar kon de methode, zelfs nog voordat ze door Mary Marshall in boekvorm systematisch werd uitgewerkt, in praktijk worden gebracht.

Natuurlijk ontstaat geen enkel idee of ideeënstelsel meteen in zijn definitieve vorm. Het is altijd het eindprodukt van vele eerdere ideeën die de weg hebben vrijgemaakt.

Tal van mensen hebben ons in maanden van steeds weer nieuwe discussies en tests niet alleen veel van hun tijd en belangstelling geschonken, maar vaak ook veel van hun intiemste gedachten, die anders zorgvuldig geheim zouden zijn gehouden. We danken hen voor hun vertrouwen. Met hun toestemming hebben we, om enkele belangrijke punten te illustreren, een aantal van hun verhalen anoniem in dit boek opgenomen.

Ook zijn we dankbaar voor het werk van alle pioniers op het uiterst veelomvattende gebied van menselijke verhoudingen en communicatie waaruit dit boek voor zijn definitieve vorm heeft geput. Achterwege laten van de vermelding van Desmond Morris' twee belangrijke boeken over lichaamstaal – *De naakte aap* en *Allemaal mensen* – zou onbeleefd zijn en getuigen van grove nalatigheid ten opzichte van werk dat zowel vernieuwend als invloedrijk was. Op het gebied van menselijk gedrag heeft ook het werk van Julius Fast, Gerald I. Nierenberg en Henry H. Calero onze denkrichting medebepaald. Edward T. Halls boeken *The Silent Language* en *The Hidden Dimension* hebben ons een heel eind de weg gewezen, evenals de theorieën van Ray L. Birdwhistell over lichaamstaal en Paul Ekmans werk over emotioneel gedrag.

De lezingen en verhandelingen van Richard O. Arthur en Frank Horvath over signalen van waarheid en bedrog in verhoorsituaties deden ons beseffen dat veel van de inspanningen die ons werk mogelijk hebben gemaakt al in de jaren vijftig werden geleverd, hoewel ze in die tijd nauwelijks werden opgemerkt of gewaardeerd.

De verzamelde werken van Carl Jung dienden als fundering voor verdere bestudering van de theorie van de persoonlijkheidstypen, evenals de latere uitwerking van die theorie door David Keirsey en Marilyn Bates, Katherine Cook Briggs en Isabel Briggs Mysers. Helaas bleken hun theorieën vaak ook niet meer te zijn dan dat, en waren ze in de praktijk van weinig nut; wel dienden ze als uitgangspunt voor ander onderzoek, dat ons uiteindelijk naar bruikbare ontdekkingen voerde.

Op die ontdekkingsreis bood de door John Oldham en Lois Morris herschreven versie van de 'bijbel' van de American Psychiatric Association over het gedrag van de abnormale persoonlijkheid, *DSM-III-R*, gezien vanuit het raakvlak met de normale persoonlijkheid, vaak een aangename onderbreking.

Onze dankbaarheid jegens Elizabeth Kübler-Ross voor het in kaart brengen van de vijf stadia die stervenden doorlopen, namelijk ontkenning, woede, marchanderen, depressie en acceptatie, kan niet genoeg worden benadrukt. Haar werk vormde de basis van het door ons ontwikkelde idee dat ook andere mensen dagelijks deze vijf stadia doorlopen, en was bijzonder vruchtbaar.

De lezingen van Richard Bandler en John Grinder op het gebied van neuro-linguïstisch programmeren waren eveneens waardevol, evenals het vroege werk van Frederick C. Link over gespreks- en verhoortechnieken, zoals verschenen in zijn boek *The Kinesic Interview Technique*, geschreven in samenwerking met Glenn Foster.

Andere veelvuldig geraadpleegde verhandelingen zijn *Non-Verbal Indications of Deception – A New Theoretical Perspective* van John Hocking en Dale Leather, *Non-Verbal Behavior and Social Psychology* van Brent Rubin, en, van heel recente datum, *Dat bedoelde ik niet!* en *Je begrijpt me gewoon niet* van Deborah Tannen.

We hebben er bewust voor gekozen een boek te schrijven dat niet bedoeld is voor deskundigen of uitblinkers in een of ander vakgebied; het is geschreven voor gewone lezers en hopelijk in duidelijke taal.

Een buitengewone lezer onder de vele gewone lezers die het boek eerst in manuscriptvorm lazen, suggesties deden, veranderingen voorstelden of ons alleen maar aanmoedigden door te gaan met wat bij tijd en wijle een eindeloze taak leek, was onze agente in New York, Jane Gelfman van Gelfman Schneider. We danken haar uit de grond van ons hart en – zoals altijd – met liefde.

Inleiding door Mary Marshall

Het ligt in de aard van de mens om met anderen te willen delen. We vinden hèt niet prettig alleen en afgezonderd te zijn; we willen onze dromen, onze hoop en onze angsten delen met iemand die de zijne of hare met ons wil delen. We willen worden begrepen door iemand die wij op onze beurt kunnen begrijpen.

We willen ons geluk delen met iemand die meegeniet van onze vreugde, ons verdriet met iemand die onze pijn voelt, en we willen even belangrijk zijn voor iemand anders als die ander voor ons is.

Hoe graag we dat echter ook willen, we krijgen het niet voor elkaar. Maar al te vaak lijken we niet bij machte een werkzame relatie tot stand te brengen. Niet alleen slagen we er niet in de mensen die ons het dierbaarst zijn echt te begrijpen, we kunnen bij hen zelfs geen begrip voor onszelf aankweken. Ze bevredigen onze behoeften niet, ze kunnen onze pijn niet voelen, ze delen niet in onze dromen – en wij stellen hen al evenzeer teleur.

Toch blijven we het allemaal proberen.

In elke relatie mijden we mensen die ons niet mogen, en voelen we ons aangetrokken tot mensen die wèl iets in ons zien. Als iemand gesteld is op hoe we eruitzien en de manier waarop we dingen zeggen en doen, reageren we op zijn belangstelling. Omdat hij ons aantrekkelijk vindt, zijn we geneigd zijn uiterlijk, gedrag, gedachten en manier van praten ook te waarderen. Er is sprake van wederzijdse aantrekkingskracht.

Als iemand hóudt van hoe we zijn – en dat gevoel is wederzijds – willen we onszelf met die ander delen. We willen die andere persoon in ons leven toelaten, hem of haar dingen over onszelf vertellen die voor ons van belang zijn, en goedkeuring, steun en bewondering krijgen. We willen zelfs nog meer van deze persoon, namelijk dat hij of zij ons begrijpt. In ruil daarvoor willen we proberen diep begrip op te brengen voor alle aspecten van de persoon die van ons houdt.

We voelen ons weliswaar aangetrokken tot mensen die iets met ons gemeen hebben, maar onze belangstelling gaat doorgaans niet uit naar mensen die precies zo zijn als wij. Onze interesse en nieuwsgierigheid worden juist gewekt door iemand die het leven op een andere manier benadert dan we zelf doen.

Een echtpaar dat heeft meegewerkt aan het onderzoek voor dit boek is daarvan een prachtig voorbeeld. Ze zijn allebei zo dol op reizen, dat ze bereid zijn elf maanden als een armoedzaaier door het leven te gaan om één maand per jaar in een ander land te kunnen doorbrengen. Ze zien de reis met evenveel opwinding tegemoet, maar gaan er toch op een heel verschillende manier mee om.

Hij vindt dat hij op de hoogte moet zijn van de geschiedenis, de gebruiken en de politiek van elke plaats voordat hij er ook maar een voet in zet, en hij stelt een gedetailleerd schema op, zodat ze precies weten waar ze wanneer zullen zijn.

Zij plant daarentegen niets vooruit en wil gaan en staan waar het lot haar brengt.

Elf maanden lang klaagt ze steen en been over zijn 'kleingeestige, bureaucratische' instelling, en hij over haar 'ouderwetse hippiementaliteit'. Ze weten allebei dat zijn strakke schema's in de praktijk niet werken en dat haar nonchalante houding hen vaak in problemen brengt. Dat kan hen er echter niet van weerhouden jaar na jaar koppig aan hun eigen benadering vast te houden.

Toch komen ze elk jaar met prachtige verhalen over hun gezamenlijke avonturen terug. Hoewel hij zonder zijn zorgvuldige voorbereiding niet kon vertrekken, kan hij haar gave om toevallig op de mooiste plekjes te stuiten vreemd genoeg waarderen. Hij vindt het een geruststellende gedachte dat wanneer zijn planning misloopt de vluchtige paniek die hem bij onverwachte en ongeplande situaties overvalt, wordt gesust door haar rustige zelfverzekerdheid en plezier om te kunnen improviseren.

Hoewel zij op haar beurt nooit zo planmatig te werk zal gaan als hij, vindt ze het op een bepaalde manier een geruststellende gedachte dat hij dat wèl doet. Het creëert voor haar duidelijke grenzen, waarbinnen ze zich veilig genoeg voelt om te dwalen.

Hun verschillen vullen elkaar aan. Voor beiden is het gedrag van de ander geruststellend en bemoedigend. Ze steunen elkaar. Het is alsof ieder voor zich slechts half is voorbereid op wat er kan gebeuren; samen zijn ze echter volledig voorbereid en vormen ze een eenheid. Ze hebben voor zichzelf een wereld geschapen waarin ze zich allebei met vrijheid, waardigheid en vertrouwen kunnen bewegen.

Net als deze twee mensen, die zich door hun verschil in temperament tot elkaar aangetrokken voelen, zijn we allemaal ontvankelijk voor de bemoediging en steun – het gevoel van compleet-zijn – die de aanvullende verschillen van een ander ons te bieden hebben.

We voelen ons aangetrokken tot mensen wier reacties op de wereld anders zijn dan de onze. We zien iets in hun gedrag dat we bewonderen, dat we wel graag wìllen maar niet kùnnen evenaren. Zij voelen zich vaak weer aangetrokken tot een aspect van ons gedrag dat ze zelf missen.

Iemand die, wanneer hij wordt gekleineerd, met stomheid geslagen is en pas veel later weet wat hij had moeten zeggen, bewondert bijvoorbeeld degene die altijd met een gevat antwoord lijkt klaar te staan. In feite heeft degene die zo gevat reageert echter vaak het gevoel dat hij er – overemotioneel en ondoordacht – het eerste uitflapt wat in hem opkomt, en bewondert hij de persoon die, naar zijn idee, zijn mond weet te houden totdat hij komt met iets wat beter doordacht en minder fel is.

Zo heeft iemand die moeilijk met anderen overweg kan, die verlegen en teruggetrokken is, bewondering voor iemand die zó'n ongedwongen charme lijkt uit te stralen, dat vreemden binnen enkele minuten na de eerste ontmoeting hem de intiemste details van hun leven toevertrouwen. Hij beseft daarbij niet dat de gezelschapsmens die hij zo bewondert, in stilte de wens koestert net zo ongevoelig voor andermans problemen te zijn als de meer teruggetrokken, schijnbaar afstandelijke persoon.

Hier zien we de bekende uitspraak dat 'tegenpolen elkaar aantrekken' in werking.

De voorbeelden van tegenpolen die elkaar aantrekken, zijn talrijk en gevarieerd. Altijd geldt echter dat de aspecten van iemands karakter die de andere – schijnbaar tekortschietende – aspecten van andermans aard aanvullen, ook niet méér zijn dan dat: louter aspecten. Het zijn onderdelen van een reeks eigenschappen die samen iemands complete persoonlijkheid vormen.

Zo handelt de eerder beschreven man, die zich gedwongen voelt nauwkeurige reisplannen te maken, overeenkomstig een diepgewortelde behoefte in zijn persoonlijkheid om niet alleen zijn vakantie, maar zijn hele omgeving onder controle te houden. Deze behoefte aan controle strekt zich zelfs tot zijn relaties uit.

Op dezelfde manier reageert de vrouw, die een even noodzakelijke dwang voelt om, niet gehinderd door reisschema's, rond te trekken, op de eisen van haar persoonlijkheid om in een zo vrije en ongeorganiseerd mogelijke omgeving te leven als maar mogelijk is – een houding die zich evenzeer tot haar relaties uitstrekt.

Dus in goede tijden vullen bepaalde aspecten van de persoonlijkheid van deze twee mensen elkaar zo perfect aan, dat ze er beiden bemoediging en steun in vinden. Toch kunnen in slechte tijden àndere aspecten van deze zelfde twee persoonlijkheden veelvuldig botsen en irritaties oproepen – wat ook daadwerkelijk gebeurt. Deze twee mensen doorstaan de slechte tijden echter door het wederzijdse gevoel van respect en bewondering dat ze voor elkaar zijn gaan koesteren in die ene maand waarin ze menen te zien wie die ander ècht is – en waarin ze beseffen hoezeer ze houden van wat ze zien.

Sommige verschillen tussen complete persoonlijkheden, die onder normale omstandigheden juist aantrekkelijk zijn, doen, wanneer ze tot in het extreme tot uiting komen er meer dan alleen maar botsen en irriteren: ze wekken werkelijk afkeer op.

We komen nog even terug op de persoon die altijd en overal een kant-en-klaar antwoord op het puntje van zijn tong heeft liggen, en die wordt bewonderd door de persoon die meer overwogen te werk gaat. Dit van nature snel denkende, snel pratende type neigt ook tot snelle en dramatische stemmingswisselingen. Zijn plotselinge woede-uitbarstingen verbijsteren en schokken zijn bewonderaar. Wanneer dan even plotseling zijn woede weer verdwenen is, is de ander misschien verward, meer dan een béétje geschrokken en zeker niet langer vol bewondering.

Daarentegen neigt degene die langzamer en met meer beleid handelt en reageert tot diepgaande stemmingsveranderingen, en is hij zó moeilijk tot kwaadheid te brengen, dat het zijn voormalige bewonderaar verbaast, in verwarring brengt en tot slot razend maakt. Het feit dat de uiteindelijke kwaadheid zo ontzettend lang kan duren, is voor de meer veranderlijke bewonderaar helemáál verbijsterend.

Wanneer deze twee mensen volkomen met elkaar overhoop liggen, kunnen ze elkaar bovenmatig irriteren en tergen. Zoals magneten elkaar aan de ene kant aantrekken en aan de andere kant afstoten, vormen de verschillen tussen deze mensen geen basis voor warmte en bemoediging, maar de oorzaak van stress, confrontatie en verdriet.

We zijn ons allemaal pijnlijk bewust van het intense verdriet dat ons overvalt wanneer we door het gedrag van onze tegenpolen in verwarring worden gebracht. Het is ons volkomen onduidelijk waaròm ze op die manier handelen en reageren. We kunnen er absoluut niet mee omgaan en begrijpen het gewoonweg niet.

We begrijpen het niet doordat er geen verband is met de manier waarop wíj ons gedragen. We worden in verwarring gebracht als iemand iets zegt wat niet eens in ons zou opkomen. We zijn uit het veld geslagen als iemand plotseling iets doet wat we zelf nooit zouden doen. We proberen de zin van hun gedrag op onze manier te interpreteren, maar het is tevergeefs – de logica is volkomen zoek. Er is duidelijk geen enkel verband tussen hun motieven en de onze. Wat hen drijft, is stellig niet hetzelfde als wat òns drijft. We proberen almaar de vinger te leggen op datgene wat hen zo anders maakt, maar slagen er niet in.

Aangezien we zelfs niet weten waar we moeten beginnen om hèn te begrijpen, vragen we ons af of we ze ooit zover kunnen krijgen om òns te begrijpen.

De grondslag voor wederzijds begrip ligt in het inzicht krijgen in díe wezenlijke verschillen tussen twee mensen die ons het idee geven dat andere mensen heel anders in elkaar zitten.

De verschillen tussen ieder van ons vinden hun oorsprong in het individuele persoonlijkheidstype dat ieder van ons is, altijd is geweest en altijd zal blijven. Dit specifieke persoonlijkheidstype bepaalt hoe we handelen en reageren, niet alleen fysiek en verbaal, maar ook geestelijk. We denken en voelen anders dan mensen van een ander persoonlijkheidstype.

We vermoeden wel vaak dat de verschillen in de manier waarop we denken en voelen enorm zijn, maar beseffen niet hoe onthutsend groot ze in werkelijkheid zijn. De manier waarop iemand met een andere persoonlijkheid denkt en voelt, is niet slechts een kleine variatie op de manier waarop wíj denken en voelen, maar is even verschillend, onbekend en vreemd als Arabisch voor Nederlandstaligen.

Als de mensen om ons heen die we liefhebben, haten of die ons frustreren anders of tegendraads zijn wanneer ze onze manier van denken en voelen niet lijken te willen begrijpen, is dat niet uit perversiteit of boosaardigheid; ze zijn gewoon niet in staat te denken en voelen zoals wij. Ze zijn niet als wij!

Hoewel we ons aangetrokken voelen tot enkele eigenschappen van andermans persoonlijkheid die afwijken van de onze maar deze ook aanvullen, beseffen we niet hoe diepgeworteld en allesomvattend het totaal van die verschillen is. Arrogant als we zijn, gaan we ervan uit dat die delen die anders zijn, niet meer zijn dan een vage schaduw, en dat helemaal aan de basis ieder ander op aarde precies hetzelfde denkt en voelt als wij. Op naïeve wijze nemen we aan dat de bronnen van hun persoonlijkheid dezelfde zijn als de onze, dat ze dezelfde drijfveren hebben en dat al hun handelingen, uitspraken en bedoelingen vanuit onze manier van denken volkomen verklaarbaar zijn.

Dit is simpelweg niet waar.

Om de reusachtige kloof tussen de manier waarop verschillende persoonlijkheden denken en voelen te illustreren, hoeven we alleen maar naar een van de emoties te kijken, waarvan we aannemen dat ieder mens die heeft: kwaadheid.

Kwaadheid is een universele emotie die, zo menen we te weten, door iedereen op ongeveer dezelfde wijze wordt ervaren.

Dat is niet waar.

Sommigen onder ons, van een bepaald persoonlijkheidstype, ervaren kwaadheid als een uiterst kille, harde, beklemmende emotie voor in noodgevallen. Wanneer ze uiteindelijk tot kwaadheid worden gedreven, worden ze daar zo door overweldigd, dat ze er zich slechts met de grootste moeite van kunnen losmaken. Ze ervaren het vermogen van deze emotie om hun zelfbeheersing te ondermijnen als zó angstaanjagend, dat ze bijna alles zullen doen om te voorkomen dat ze dat punt bereiken.

Anderen onder ons, van een ander persoonlijkheidstype, beleven kwaadheid heel anders. Zij ervaren haar als een enorme verscheidenheid van gevoelens, die ze snel kunnen oproepen en weer afschudden. Het is bijna alsof ze ervan genieten, de emotie als het ware over hun tong laten rollen om de verschillende smaken tot hun recht te laten komen en dan een favoriete variëteit uitkiezen die voor de gelegenheid het meest geschikt is. Meestal is het niet een emotie voor noodsituaties, maar louter een manier om zich dramatisch uit te drukken.

Degenen onder ons van laatstgenoemd persoonlijkheidstype, die op hun onschuldige manier met kwaadheid spelen, reageren verrast en verbaasd op de reacties van hun tegenpolen. Die tegenpolen – die kwaadheid uitsluitend kennen als een emotie met zó'n pijnlijk effect, dat ze zich niet kunnen voorstellen dat iemand haar lichtvaardig zou gebruiken – zijn net zo verrast en verward. Wanneer ze worden geconfronteerd met wat in hun lineaire denkwijze alleen echte vijandigheid kan zijn, voelen ze zich aangevallen en gekwetst. Ze zijn verbijsterd. Even verbijsterd als de anderen door hun reactie op wat zij zien als niet meer dan een uiting van lichte irritatie of overdreven benadrukking.

Dergelijke tegenpolen komen dan ook vaak vast te zitten in een woordenwisseling zoals hieronder weergegeven.

'Waarom ben je zo boos om zo iets onbelangrijks?'

'Ik ben niet boos, alleen maar geïrriteerd.'

'Als je alleen maar geïrriteerd bent, waarom ga je dan zo tekeer en sta je met je armen te zwaaien?'

'Zo doe ik nu eenmaal als ik geïrriteerd ben, goed?'

'Maar het is helemaal niet belangrijk, ik heb het zó voor je gedaan.'

'Ik wil niet dat je het "zó voor me gedaan" hebt, daar gaat het niet om! Waarom trek jij het je trouwens aan? Het ligt niet aan jou.'

'Kom op, laat het nou maar aan mij over, ik regel het wel. Dan hoef jij je er geen zorgen meer over te maken.'

'Ik máák me er geen zorgen over! Het stoort me alleen. En ik heb echt niemand nodig om het voor me te regelen!'

'Alsjeblieft, hou op! Zo belangrijk is het niet. Ik snap niet waarom je zo dramatisch en theatraal doet.'

'Dramatisch en theatraal? Ik doe niet dramatisch of theatraal! Zo reageren normale mensen nou eenmaal! Niet iedereen is zo'n halfzachte als jij!'

Mogelijk hebben ze het over niets anders dan een lekke band, een misgelopen afspraak of een kleine blunder tijdens een dineetje.

Vanaf het allereerste begin is ieder van hen verward en verbijsterd door de reactie van de ander, en deze verwarring en verbijstering nemen met elk uitgesproken woord toe. Ze kunnen geen van beiden echt begrip opbrengen voor de ander en beoordelen zijn gedrag uitsluitend vanuit de wijze waarop hij of zij zelf zou reageren.

Dergelijke escalerende conflicten tussen mensen van deze persoonlijkheidstypen zijn niet ongewoon. Uiteindelijk zijn ze allebei van streek en vol onbegrip.

Als deze twee mensen zouden begrijpen waaròm ze reageren zoals ze doen, als ze inzicht zouden hebben in de oorsprong van hun temperamentsverschillen en de voorspelbare patronen van actie en reactie zouden herkennen, zou hun benadering heel anders zijn. De een zou precies weten waardoor de ander werd gedreven, en de ander zou weten wat de beweegredenen van de eerste waren. Ze zouden weten wat ze tegen elkaar moesten zeggen, en hoe en wanneer. Hun vermogen om met elkaar te delen en elkaar te begrijpen zou enorm toenemen.

Zoals de zaken er nu voorstaan, zolang ze elkaar vanuit hun eigen referentiekader, volgens hun eigen visie en vanuit hun eigen positie benaderen, kunnen ze elkaar gewoonweg niet bereiken. Ze gaan niet in op elkaars behoeften, ze voldoen niet aan elkaars verlangens, ze communiceren zelfs niet met elkaar – ze praten louter tegen zichzelf.

Ieder richt zich tot wat naar zijn idee een kopie is van zijn eigen temperament – niet dat van de ander. Ieder reageert uitsluitend op zijn of haar eigen gedragspatroon – niet op dat van de ander.

Deze twee mensen praten niet met elkáár. Ze richten zich tot een – enigszins uit de toon vallende – versie van zichzelf.

Deze misvatting dat we met licht afwijkende versies van onszelf praten, is wijdverspreid. Dit komt het duidelijkst tot uiting wanneer twee mensen elkaar van precies hetzelfde beschuldigen zonder te beseffen dat ze weliswaar hetzelfde zeggen, maar iets heel anders bedoelen.

We hebben allemaal wel eens zo'n hopeloze woordenwisseling vol onbegrip met een dierbare persoon – echtgenoot, beminde, vriend, ouder of kind – meegemaakt.

'Je bent zo egoïstisch, je denkt alleen maar aan jezelf. Nooit sta je eens stil bij wat ìk wil. En ik probeer nog wel zó veel rekening met je te houden!'

'Hoe kun jíj dat nu zeggen? We doen bijna altijd jouw zin. Wat ik wil, doet gewoon niet ter zake. Nooit doe je eens iets wat ìk wil. Jíj bent degene die egoïstisch is!'

Ze zeggen precies hetzelfde en menen allebei dat het waar is. Ieder van hen gelooft dat hij heel onbaatzuchtig heeft gedaan wat de ander wilde. Ze hebben beiden werkelijk geprobeerd aan de verlangens van de ander tegemoet te komen, maar op de enige manier die ze kenden: door te doen wat hun éigen verlangens zou vervullen en te zeggen wat ze zèlf graag willen horen.

We beseffen niet dat dit niet de reactie is die we van de ander willen. We begrijpen niet dat een dergelijke reactie voor die ander werkelijk niets betekent: het bevredigt zijn of haar behoeften nog niet in het minst. En hun idee van wat wíj willen is al even verwrongen.

Ons hele leven door, wanneer we werkelijk menen dat we attent, meelevend en zorgzaam zijn en anderen koesteren, steunen en gewoon liefhebben, richten we ons louter tot onszelf. Niet uit kwaadaardigheid, maar uit onwetendheid praten we tegen niemand anders dan onszelf en zeggen we niet wat anderen, maar wat we zèlf graag willen horen. Het is dus niet zo vreemd dat we alleen en afgezonderd blijven, zonder te delen, te geven of te ontvangen.

Ondanks de geweldigste prestaties op bijna elk gebied van menselijke inspanning, zijn we nog ongelooflijk onwetend over hoe mensen met elkaar omgaan. We besteden in de hedendaagse wereld zoveel tijd aan het onderzoeken van het Zelf, dat we vergeten dat 'ik' slechts de helft is van 'wij'. Elke 'ik' blijft een geïsoleerd, onbevredigd en onbegrepen sociaal wezen dat wanhopig probeert contacten te leggen met andere sociale wezens, die ondoorgrondelijk lijken en als gevolg daarvan al even alleen en afgezonderd blijven.

Toch is het mogelijk anderen te begrijpen. Daarvoor hoeven we alleen maar de betekenis te begrijpen van datgene dat hen anders maakt. Deze verschillen kunnen duidelijk worden herkend in het specifieke gedragspatroon, en dit gedrag is dan weer bepalend voor de speciale manier waarop zij denken en voelen.

Bij geestelijke, fysieke en verbale activiteiten laten deze verschillen een logisch patroon zien, dat herkenbaar, begrijpelijk en – het belangrijkste – voorspelbaar is. Er is dus een manier om de behoeften van iemand wiens wederzijdse begrip voor ons van belang is te begrijpen en te bevredigen. Een manier om daadwerkelijk met elkaar te communiceren. Een manier om de fundamentele menselijke behoefte te bevredigen om te delen met iemand die ons kan begrijpen en die wij op onze beurt kunnen begrijpen.

Deze manier kun je leren door de eenvoudige stap-voor-staptechniek uit dit boek toe te passen. Deze techniek maakt gebruik van profileringsschema's, waarmee je de persoonlijkheidstypen van mensen die voor jou belangrijk zijn, kunt herkennen en identificeren; zelfidentificatieschema's als hulp bij de extreem moeilijke taak je eigen persoonlijkheidstype te bepalen en jezelf te zien zoals anderen je zien; conflictschema's om duidelijk te maken welk aspect van een persoonlijkheid anderen irriteert en afstand schept, en wat je moet doen om die irritatie en vervreemding om te zetten in medeleven, begrip en zelfs liefde; tot slot een complete cursus om deze technieken en hulpmiddelen toe te passen in jouw leven en dat van degenen om wie je geeft.

Het is, zo je wilt, een complete cursus om begrip te krijgen voor de mensen die voor jou het belangrijkst zijn, om inzicht te krijgen in wie en wat ze werkelijk zijn en wie en wat je zèlf werkelijk bent.

Je leert de verschillen te benutten om een stevige, liefdevolle relatie te creëren, te stimuleren en te onderhouden, niet ondanks, maar dankzij deze verschillen.

In eerste instantie kan deze techniek in drie eenvoudige woorden worden samengevat. Deze woorden, die de basis van elke geslaagde relatie en succesvolle communicatie vormen, zijn de drie delen van dit boek: Begrijpen, Reageren en Responderen.

Dit zijn de belangrijkste middelen waarmee mensen, hoe verschillend ook, uiteindelijk niet tégen elkaar, maar mèt elkaar kunnen praten.

DEEL EEN

Begrijpen

1

De vier persoonlijkheidstypen: het gevoelstype, het gedreven type, het analytische type, het elitaire type

'Waarom lijk je niet meer op mij?' De hoofdoorzaak van onze verschillen

'Waarom lijkt een vrouw niet meer op een man?' Wat professor Higgins in *My Fair Lady* echt bedoelde met deze vertwijfelde uitroep tegen Eliza Doolittle was:

'Waarom lijk je niet meer op mij?'

'Waarom dènk je niet als ik?'

'Waarom gedráág je je niet meer als ik?'

We komen allemaal met een variatie op dit thema wanneer we een 'meningsverschil' hebben met onze geliefde, onze echtgenoot, onze ouders of onze kinderen. Als ze maar meer op onze manier zouden denken en handelen, dan begrepen we hen tenminste.

We maken onszelf wijs dat wij hen en zij ons niet begrijpen vanwege het verschil in sekse, leeftijd of achtergrond.

Natuurlijk is het gemakkelijk deze verschillen aan te voeren als excuus voor het feit dat we er niet in slagen elkaar te begrijpen en goed met elkaar overweg te kunnen. Er is echter een belangrijkere oorzaak voor deze verschillen, die we vaak over het hoofd zien: het verschil in persoonlijkheid.

Onze individuele persoonlijkheid wordt gevormd door een scherp omlijnd geheel van consequente karaktertrekken of eigenschappen die vorm geven aan die andere, meer oppervlakkige, verschillen als sekse, leeftijd of achtergrond. Dit geheel van eigenschappen – ons persoonlijkheidstype – loopt dwars door al onze oppervlakkige verschillen heen en bepaalt de manier waarop we denken, voelen en ons gedragen, of we nu man zijn of vrouw, jong of oud, en ongeacht onze achtergrond. Het bepaalt de manier waarop we omgaan met alle ervaringen in ons leven, en geeft onze individualiteit vorm en kleur. Het maakt ons tot wie we werkelijk zijn.

Dit persoonlijkheidstype, met zijn aangeboren, instinctieve eigenschappen, bepaalt hoe we het leven en relaties benaderen. Het regelt ons hele openlijke leven en bepaalt in welke situaties we ons het prettigst voelen en tot welke mensen we ons van nature aangetrokken voelen. Het is bepalend voor alles wat we zeggen, doen, voelen en denken, en daarmee voor alle aspecten van ons leven.

Alles wat iemand doet of zegt, is vanuit zijn specifieke persoonlijkheidstype verklaarbaar, zelfs zijn kledingkeuze en de kleur van zijn stropdas.

De vier persoonlijkheidstypen
Er zijn maar vier fundamentele persoonlijkheidstypen. Afgezien van mensen met een persoonlijkheidsstoornis handelen en reageren we overeenkomstig één – en niet meer dan één – van deze typen.

Deze persoonlijkheidstypen zijn: het gevoelstype, het gedreven type, het analytische type en het elitaire type.

Elk type heeft in geestelijke, verbale en fysieke zin een herkenbaar en voorspelbaar gedragspatroon, dat we kunnen begrijpen.

De eerste van de fundamentele technieken voor het opbouwen en onderhouden van een geslaagde relatie – namelijk 'begrijpen', 'reageren' en 'responderen' – heeft betrekking op het herkennen en identificeren van deze gedragspatronen in een persoon.

'Wie ben je nu echt?' De vier typen herkennen en identificeren

Om elk van deze typen te kunnen identificeren, moeten we de speciale manier waarop ze reageren op de wereld en de mensen om zich heen herkennen.

In het volgende overzicht worden de meest in het oog springende eigenschappen van de vier persoonlijkheidstypen genoemd.

Het gevoelstype
Het gevoelstype komt van alle vier persoonlijkheidstypen het meest voor. Ruim de helft van alle mensen behoort tot dit type. Het is een introvert type, iemand van wie je weet dat hij voornamelijk op basis van zijn gevoel beslissingen over situaties en relaties neemt. Over het algemeen zijn het rustige, ontspannen, hartelijke en vaak uiterst attente mensen. Ze luisteren goed en geduldig naar anderen en lijken langzamer en meer doordacht te reageren dan de andere typen. Zelden dringen ze anderen hun visie op; in feite kom je hun mening pas te weten als je er speciaal naar vraagt.

Het karakter van Mary Richards in de komische t.v.-serie *The Mary Tyler Moore Show* is dat van een zuiver gevoelstype. Ze voelt voor anderen. In een bepaalde aflevering is Mary's baas Lou (een gedreven type) verdrietig omdat hij zojuist zijn schoonzoon met een andere vrouw heeft gezien. Hij heeft iemand nodig om mee te praten, en wendt zich tot Mary. Uit Mary's reactie blijkt het diepe medeleven van een zuiver gevoelstype voor andermans problemen; het is alsof ze het verdriet van de ander zèlf voelt:

Lou: 'O... Mary...'
Mary (mompelend, verteerd door verdriet): 'Ik weet het...'
Lou: 'O, Mary! Mary! Mary...!'

Met op haar gezicht de uitdrukking van een Griekse moeder uit de klassieke Oudheid die zojuist tot de ontdekking komt dat al haar zonen zijn vermoord, kan Mary alleen maar herhalen dat ze het weet.

Verstikt door emotie en nauwelijks een woord uitbrengend, straalt ze medeleven en begrip uit. Na een minuut voelt Lou zich beter en zegt: 'Dank je, Mary. Zo is het goed.'

Misschien is *híj* zijn verdriet kwijt, *zíj* blijft er in elk geval nog lang mee zitten.

Het gevoelstype is niet agressief, heeft een hekel aan conflicten en twijfelt aan zijn eigen vermogen om bij een confrontatie adequaat te handelen.

Een andere keer komt Mary, terwijl ze naar haar nieuwe flatje verhuist, oog in oog te staan met Rhoda Morgenstern (ook een gedreven type), gespeeld door Valerie Harper, die het flatje zelf wil hebben. Rhoda gilt Mary toe te verdwijnen omdat dit haar flatje is.

Mary zegt dat Rhoda zeker denkt dat ze over zich heen laat lopen. Rhoda bevestigt dat in niet mis te verstane bewoordingen, en Mary raapt al haar moed bijeen en antwoordt:

Mary: 'Nou, dan moet ik ook maar eens flink over jou heen lopen.'
Rhoda: 'Kom maar op, dat durf je toch niet.'
Mary: (haalt schaapachtig haar schouders op): 'Ik weet het...'

De integriteit van deze persoonlijkheid en de wijze waarop ze in de fictieve Mary Richards gestalte krijgt, is het produkt van de briljante observatie door de schrijvers en Moore van het gedrag van echte gevoelstypen.

Martin Luther King was een gevoelstype; zijn manier van handelen was voor zijn persoonlijkheidstype de enige mogelijke. Hij werd gedreven door een passie om de onrechtvaardigheid van apartheid de wereld uit te helpen, en zijn idee van een geweldloze strijd ontsproot aan de voor een gevoelstype karakteristieke eigenschap van gevoeligheid voor door geweld veroorzaakte pijn, zijn afkeer van confrontatie en zijn overtuiging dat de kracht van de mens in de kracht van het gevoel, de kracht van de ziel, ligt.

In een typerende rede in Birmingham in Alabama in 1963 zei King: 'We zullen jullie fysieke kracht opwachten met de kracht van de ziel. We zullen jullie overwinnen met ons vermogen om te lijden. Door de overwinning te behalen, winnen we niet alleen onze vrijheid, maar zullen we jullie hart en geweten zó weten aan te spreken, dat we uiteindelijk jùllie voor ons zullen winnen.'

In juli 1966, toen hij en de deelnemers aan de mars voor burgerrechten in Chicago door een woedende, bewapende menigte dreigden te worden aangevallen, zei hij tegen zijn volgelingen: 'Wij komen met iets veel krachtigers dan dat (molotovcocktails, wapens, bakstenen en flessen)... wij komen met de kracht van onze ziel...'

Net als King menen alle gevoelstypen dat je het best tot anderen kunt doordringen en hen voor je kunt winnen door hun emoties, hun gevoelens aan te spreken.

> Het gevoelstype: op zichzelf, rustig en ontspannen, emotioneel gevoelig, vriendelijk, hartelijk, sympathiek en oprecht, zorgzaam en nadenkend, reageert traag en schuwt confrontaties.

Het gedreven type

Het gedreven type, tot wie het gevoelstype zich vaak sterk aangetrokken voelt, gelooft precies het tegenovergestelde. Het gedreven type handelt in externe informatie en hecht alleen waarde aan wat hij of zij door observatie empirisch kan staven. Als een gedreven type op iemand een beroep doet, doet hij dat niet op basis van gevoelens maar op basis van feiten.

Het gedreven type, een extravert type, is iemand van wie je aanvoelt dat hij steeds de touwtjes in handen moet hebben, dat hij iedere situatie of relatie onder controle moet hebben. Hij heeft de rotsvaste overtuiging dat zonder hem alles misloopt. Het gedreven type heeft maar één doel: jou van zijn manier van denken overtuigen.

Gedreven typen zijn levendig, enthousiast en geestdriftig. Doorgaans denken en praten ze snel. Of je het wilt of niet, met stijl en opmerkingsgave geven ze op alles en iedereen hun visie.

De voormalige burgemeester van New York, Ed Koch, is een gedreven type. Zijn opmerking dat je in New York 'iets sneller moet lopen, iets sneller moet praten en veel sneller moet denken' is een bondige omschrijving van de manier waarop een gedreven type het leven benadert.

Het gedreven type is dol op confrontaties. Het is een schranderheidsspel dat gewonnen moet worden. Het door Candice Bergen gespeelde karakter in de komische t.v.-serie *Murphy Brown* is een onvervalst gedreven type.

Als Murphy tijdens een reünie tegenover een rivale komt te staan, beschuldigt ze haar er onmiddellijk van de slotzin '*And so it goes*' van haar te hebben gestolen. Haar rivale, Linda, ontkent vurig en flapt eruit dat ze het zinnetje niet van Murphy, maar van Lloyd Dobyns heeft overgenomen.

Met de verbale slagvaardigheid van een gedreven type kaatst Murphy terug: 'Je meent het! Jeetje, dan spijt het me voor je dat ik je naam heb laten opnemen in de *Fortuinzoeker* onder de rubriek "beroemde personages".'

Linda, die ook een gedreven type blijkt te zijn, is er evenzeer op gebrand als winnaar uit de strijd te komen. Zonder ook maar een seconde te aarzelen, antwoordt ze: 'Nee hoor, we staan quitte. Ik was namelijk degene die Irving R. Levine vertelde dat de sensatieberichten van jou afkomstig waren!'

Van alle persoonlijkheidstypen vertoont het gezicht van het gedreven type de levendigste uitdrukking. Gedreven typen zijn acteurs bij wie je de emoties van het gezicht kunt aflezen. Met lichaamstaal zetten ze hun woorden kracht bij. Een gedreven type verwoordde dit als volgt: 'Het publiek maakt me tot wat ik ben, zegt me of ik goed of slecht ben. Als mijn luisteraars verrukt zijn, doe ik alles om ze te behagen. Zijn het irritante betweters, dan moeten ze zo snel mogelijk tot zwijgen worden gebracht.'

Gedreven typen zijn goed in manipuleren en weten hoe ze anderen kunnen beïnvloeden. Als ze van mening zijn dat de situatie erom vraagt, kunnen ze zelfs halverwege een zin van koers of houding veranderen.

> Het gedreven type: snel denkend en uiterst scherpzinnig, enthousiast, expressief en levendig, manipulerend, besluitvaardig, niet-conformerend, zoekt confrontatie en houdt zijn zaakjes onder controle.

Het analytische type

In tegenstelling tot het gedreven type, dat geneigd is tot snel overschakelen, houdt het analytische type zich aan één logische gedachtengang, zonder daarbij enig dramatisch effect te willen sorteren.

Het analytische type is een extravert type dat de voors en tegens van situaties en relaties tegen elkaar afweegt om daarna op basis van feiten en logica tot een besluit te komen.

Het is iemand die in crisistijden zijn hoofd boven water weet te houden en met een weldoordacht besluit komt. Analytische typen verliezen zelden hun zelfbeheersing, zelfs wanneer alle anderen dat wèl doen. Ze kunnen weliswaar genieten van luchtige conversaties of lichthartige situaties, maar lijken zich daarbij nooit voor honderd procent te geven.

Barbara Walters, een bekende t.v.-journaliste, is een analytisch type van het zuiverste water. Haar onverstoorbaarheid is spreekwoordelijk. Haar interviews brengen haar analytische kwaliteiten duidelijk aan het licht: ze heeft haar huiswerk gedaan, haar vragen zijn bondig en to the point, en ze laat zich niet door emoties op een dwaalspoor brengen.

Iemand die voor de *The Today Show* met haar samenwerkte, zei over hun eerste ontmoeting: 'Haar ogen vielen me op. Ik was onder de indruk van de manier waarop ze me aankeek; haar ogen waren heel onderzoekend. Als ze praatte, keek ze je recht in je ogen. Als er een stilte viel, zag je de radertjes in haar hoofd draaien. Ze was altijd bezig met organiseren, dingen gedaan krijgen, vooruitkomen.'

Volgens Walters is het analytische type in vergelijking met de andere persoonlijkheidstypen 'veel concreter, veel meer geïnteresseerd in het hier en nu' en totaal niet geïnteresseerd in het abstracte.

De volgende, toevallig opgevangen redevoering van een beroepsgokker tegen een blackjackspeler in de dop, duidelijk een gevoelstype, illustreert op tekenende wijze de werkmethode van een analytisch type. Deze man noemt iedereen die anders denkt en handelt dan een analytisch type een sukkel.

'Je bent te emotioneel. Je bent een sukkel als je te emotioneel bent. Het is een logisch spel, en je moet je laten leiden door logica, niet door emoties.

Als je op emoties afgaat, ben je een sukkel, en casino's zijn dol op sukkels. Daar worden ze rijk van.

Gebruik zelfdiscipline. Beheers je. Ga niet op je gevoel af – denk na!

Logica. Logica. Vergeet je emoties. Laat je beslissing niet afhangen van hoe de gever eruitziet, of wat voor 'gevoel' je krijgt bij het verdelen van de kaarten, of het feit dat de dame naast je naar je glimlacht... dan verlies je.

Discipline. Denk logisch. Werk logisch, geordend, rustig.'

Net als alle beroepsgokkers gelooft deze man dat je een partij blackjack uitsluitend kunt winnen door de risico's uit te sluiten; net als alle analytische typen gelooft hij dat dit de enige manier is om in het echte leven te winnen.

> Het analytische type: verstandig en serieus, gericht en methodisch, met veel zelfbeheersing, veeleisend, direct en assertief, heel stabiel en emotioneel afstandelijk.

Het elitaire type

Het vierde persoonlijkheidstype kom je maar weinig tegen. Dit is het elitaire type, een persoon met veel charme en stijl, misschien zelfs charismatisch. Anderen mogen zich vanwege zijn charme en uitstraling tot dit persoonlijkheidstype aangetrokken voelen, toch lijken elitaire typen zich in situaties en relaties altijd wat afzijdig te houden.

Elitaire typen zijn zelden extreem in hun gedrag of emoties; je hoort of ziet ze bijna nooit hun stem verheffen, vloeken, ruziën, luidruchtig lachen, zich buitensporig gedragen of ook maar iets doen wat ongepast lijkt.

Het zijn eenlingen, die hun gedachten voor zich lijken te willen houden en vaak de onuitgesproken indruk wekken dat ze zich alleen maar op hun gemak voelen bij mensen die ze als hun intellectuele gelijke beschouwen.

Een biograaf van Nobelprijswinnaar en rondreizend diplomaat Henry J. Kissinger beschrijft diens virtuoze diplomatieke vaardigheden: 'Zijn manier van omgaan met congresleden en buitenlandse leiders wordt gekarakteriseerd door een homogeen mengsel van humor en charme, taaiheid en oprechtheid, zonder ook maar enige slinksheid. Hij bezit het opmerkelijke vermogen twee mensen met een tegengestelde visie het gevoel te geven dat hij het met beiden eens is – zonder zichzelf te compromitteren.'

Elitaire typen zijn zich van hun eigen krachtige ego bewust en zijn daar bepaald niet ongelukkig mee. Het gerucht doet de ronde dat toen iemand tijdens een diner in Washington zei: 'Dr. Kissinger, bedankt dat u de wereld hebt gered,' Kissinger antwoordde: 'Graag gedaan.'

> Het elitaire type: een eenling. Charmant, elegant en indrukwekkend, met intellectuele precisie en inzicht, afstandelijk en neerbuigend, dominant en dominerend.

Deze schetsen van de vier fundamentele persoonlijkheidstypen – het gevoelstype, het gedreven type, het analytische type en het elitaire type – geven slechts een algemene indruk. Verderop in dit boek wordt een compleet beeld van de verschillende typen geschetst, maar in deze fase willen we alleen proberen het persoonlijkheidstype van een bepaalde persoon te herkennen.

Voordat we op een intiemer niveau het persoonlijkheidstype van goede bekenden gaan identificeren, beschrijven we de techniek om het persoonlijkheidstype te bepalen van vage kennissen en zelfs van mensen die je nooit eerder hebt ontmoet.

De tien-minuten-profileringstechniek: het identificeren van iemands persoonlijkheidstype bij de eerste ontmoeting

Deze tien-minutentechniek staat bekend als 'profilering'. Het is een methode om snel iemands persoonlijkheidstype te bepalen, uitsluitend door hem of haar in een bepaalde situatie te observeren. Hoe nauwgezetter je door te kijken en te luisteren iemands gedrag en reacties observeert, des te beter besef je hoeveel die persoon in feite laat zien.

Een waarschuwing is hier op zijn plaats: profilering is niet bedoeld voor zelfidentificatie. Probeer niet op deze manier je eigen persoonlijkheidstype te bepalen.

Onderstaand profileringsschema voor het identificeren van onbekenden concentreert zich op de indruk die elk type geeft wanneer hij of zij een kamer binnenkomt, of in een gewone, informele omgeving een gesprek met je begint. Door deze signalen op te vangen, kun je met een nauwkeurigheid van vijfentachtig tot negentig procent het type bepalen.

Lees eerst elke kolom van het profileringsschema van boven naar beneden, zodat je van elk persoonlijkheidstype een algehele indruk krijgt. Lees daarna elke rij, van links naar rechts, om de verschillende gedragspatronen van de typen te vergelijken en tegen elkaar af te zetten.

Profilering: schema I Het identificeren van persoonlijkheidstypen

	Gevoelstype	**Gedreven type**	**Analytisch type**	**Elitair type**
Houding bij binnenkomen	Serieus, vrij gesloten; Bezorgd over welzijn van anderen	Op enthousiaste wijze nieuwsgierig; Bij de gelegenheid passende uitstraling	Geestelijk, fysiek en verbaal bescheiden en beheerst; Serieus	Afstandelijk, aanmatigend, superieur;
Kennismakingsgesprek	Liefst niet-confronterende praat	Begint gesprek; Rad van tong en snel van geest; Heel levendig; Maakt persoonlijke opmerkingen over zichzelf	Maakt voorzichtig een praatje; Wekt de indruk een 'sociaal' masker te dragen	Is zich sterk bewust van eigen aanzien; Lijkt vriendelijk, maar tracht superieure houding aan te nemen
Houding tegenover anderen	Vriendelijk, hartelijk; Niet-agressief en niet-confronterend	Uiterst vriendelijk; Van nature op gezelschap gesteld	Prettig maar nogal afstandelijk en op zichzelf	Voorkomend en prettig maar afstandelijk; Uiterst opmerkzaam; Houdt zich enigszins afgezonderd van de rest
Persoonlijkheidskenmerken die in de eerste paar minuten zichtbaar worden	Op zichzelf; Voelt zich het prettigst in klein gezelschap; Niet opdringerig – houdt zich bij gesprekken op de achtergrond; Brengt zijn persoonlijke mening op niet-agressieve wijze	Praat en denkt snel; Heel opmerkzaam; Non-conformist; Heeft de situatie graag onder controle	Benadert het leven eerder intellectueel dan emotioneel; Niet echt op zijn gemak in lichthartige of luchtige situaties; Vol zelfvertrouwen	Heeft de 'aura' van een bijzonder iemand, vaak charismatisch; Valt op tussen anderen door elegantie, voorkomen, smaak en manieren

2

Het persoonlijkheidstype bepalen van de mensen van wie je houdt

'Waarom geloof ik niet dat je echt van me houdt?' Verschillende manieren van liefhebben

We begrijpen vaak niet waarom de mensen van wie we zielsveel houden ons niet liefhebben op de manier waarop we dat graag zouden willen. Omdat ze zich niet gedragen op een manier die wij als liefhebbend ervaren, menen we zelfs dat ze niet echt van ons houden.

Pas als we begrijpen hoezeer hun persoonlijkheidstype afwijkt van het onze, beseffen we dat hun idee van liefde en de manier waarop ze die liefde uiten misschien anders is dan ons idee en de manier waarop wíj bemind willen worden.

Toch is hun idee en gedrag net zo goed een wezenlijk onderdeel van hun complete persoonlijkheid als die van ons.

Het identificeren van het 'complete' persoonlijkheidstype van de mensen van wie we houden, is de belangrijkste stap van de eerste fase: 'begrijpen'.

Het volgende waar gebeurde verhaal is tekenend voor het feit dat ieder van ons liefheeft volgens zijn individuele persoonlijkheidstype, en dat deze verschillen iemand binnen een relatie akelig eenzaam kunnen maken.

Helen en haar man Bob, beiden halverwege de veertig, hebben een winstgevende ijzerwinkel in een klein stadje in het Midwesten. Helen is een gevoelstype, Bob een gedreven type. Zij zijn vijfentwintig jaar getrouwd en hebben één kind, dochter Patty.

Helens knagende gevoel van vervreemding en eenzaamheid binnen haar eigen gezinnetje werd veroorzaakt door het feit dat Patty een veel hechtere en begripvollere band met haar vader scheen te hebben dan met haar.

Ze geeft een voorbeeld van dit gevoel van vervreemding. Op een keer rende Patty, toen drie jaar, de ijzerwinkel binnen en begon haar vader, die net een klant aan de lijn had, enthousiast een verhaal te vertellen.

Bob bedekte het mondstuk van de hoorn met zijn hand en riep haar toe: 'Stil! Niet nu! Ga weg!'

Patty draaide zich om en holde de winkel uit, niet in het minst uit het veld geslagen door de bitse terechtwijzing.

Helen, die ook in de winkel was, keek haar dochtertje verbijsterd na. Als een echt gevoelstype zou ze, zelfs nu ze volwassen was, diep gekwetst zijn door een dergelijke behandeling. Als haar eigen vader zo tegen haar zou zijn uitgevallen, dan zou zij als driejarige ter plekke in huilen zijn uitgebarsten.

Helen rende de winkel uit, Patty achterna om haar te troosten en uit te leggen dat haar vader het alleen maar druk had en niet echt boos op haar was. Maar Patty hoefde niet getroost te worden. Ze was helemáál niet van slag.

Toen Helen later tegen Bob zei dat hij niet zo tegen het kind moest uitvallen, keek hij haar verbaasd aan en zei: 'Doe niet zo raar. Ze weet heus wel dat ik er niets mee bedoelde.' En dat wist Patty inderdaad.

Voorvallen als deze, waarbij Bob en Patty 'wel wisten' wat de ander bedoelde en Helen het voortdurend níet wist of verkeerd begreep, kwamen toen Patty opgroeide zó vaak voor, dat Helen het gevoel kreeg dat ze een buitenstaander was, die op een totaal andere golflengte was afgestemd dan haar man en haar dochter.

Ze voelde zich steeds meer een vreemde binnen haar eigen gezin. Ze ervoer dit vooral als ze toevallig binnenkwam wanneer haar man en haar dochter met elkaar discussieerden, een spelletje deden of gewoon wat gekheid maakten. Op zulke momenten voelde ze zich een indringster, en ze besefte dat Bob en Patty zich anders gingen gedragen omdat zíj binnenkwam. Ze gingen langzamer praten, werden minder fel in hun reacties en lieten elkaar ook uitpraten, wat ze niet deden als zij er niet was. Ze werden zelfs minder agressief en prestatiegericht in hun spel als zij binnenkwam.

Helen meende dat ze door haar 'verkrampt' raakten, en ze dacht dat ze haar op de een of andere manier als 'te veel' beschouwden. Uiteindelijk durfde ze zich bijna niet meer bij hen te voegen.

Doordat Helen duidelijk anders was, voelde ze zich soms heel eenzaam en buitengesloten. Het viel haar op dat Patty liever op Bobs manier met bepaalde situaties omging dan op de manier die zíj adviseerde. Ze vertrouwde haar eigen inzicht niet als het erom ging iets leuks voor hen te doen, en na verloop van tijd vroeg ze aan de een wat hij of zij dacht dat de ander zou waarderen, of het nu ging om een cadeautje of om de vakantie.

Voortdurend vroeg ze zich af of Patty meer van haar vader dan van haar hield, en ze had geen idee wat ze daaraan kon veranderen. Doordat ze niet dezelfde band met haar dochter kon krijgen als Bob, kreeg ze het idee dat ze er op de een of andere manier 'niet was geweest' voor haar dochter. Ze meende dat ze geen goede moeder was geweest en voelde zich daar diep schuldig over.

Ze nam aan dat hun verstandhouding iets te maken had met 'bloedband of erfelijkheid', en dat ze zich moest neerleggen bij het feit dat ze, hoe ze het ook probeerde, nooit zo'n hechte band met haar dochter zou krijgen als Bob. Ook al was haar gezinsleven over het geheel genomen gelukkig te noemen, ze had toch voortdurend het ongemakkelijke gevoel dat er iets 'fout' zat. Als een echt gevoelstype nam ze aan dat de schuld bij haar lag.

Toch hield Helen al haar knagende gevoelens van verwarring, vervreemding en schuld diep weggestopt. Zelfs met Bob sprak ze er niet over, want ze wist dat hij haar zou vertellen dat ze ongegrond en belachelijk waren. Met Patty sprak ze er al helemaal niet over, bang als ze was haar het gevoel te geven dat ze haar moeder tekort had gedaan. Ze hield haar gevoelens zorgvuldig verborgen en dacht dat dat wel altijd zo zou blijven. Toen hoorde ze van de techniek van begrijpen, reageren en responderen.

In de fase van het begrijpen herkende ze zowel Bob als Patty als gedreven persoonlijkheidstypen. Plotseling begreep ze waarom ze overal op dezelfde manier op reageerden. Ze kwam tot het inzicht dat ze daadwerkelijk hetzelfde dàchten.

Als een gevoelstype dacht ze gewoon anders, waardoor ze ook anders handelde en reageerde. Ze kòn niet anders, net zomin als Bob en Patty op háár manier konden denken.

Er was geen 'samenzwering' om haar buiten te sluiten; ze konden er, evenmin als zijzelf, iets aan doen dat ze waren zoals ze waren. Bob en Patty zaten inderdaad op dezelfde golflengte, niet opzettelijk, uit kwaadwilligheid of zelfs maar uit onnadenkendheid; ze waren gewoon van hetzelfde persoonlijkheidstype.

Voor Helen was het of ze plotseling het licht zag. De opluchting die ze voelde toen ze besefte dat er niets 'verkeerd' zat, werkte ongelooflijk bevrijdend. Patty had nooit haar raad opgevolgd over hoe ze bepaalde zaken moest aanpakken, omdat ze niet kon denken en voelen als Helen – niet omdat ze haar moeder 'minder intelligent, scherpzinnig of gevoelig' vond dan haar vader. Haar ongelooflijk goede verstandhouding met Bob werd gewoon veroorzaakt door het feit dat ze op dezelfde manier dachten.

Toen Helen de kwestie bezag in het licht van de eigenschappen van het gedreven type, besefte ze dat haar dochter haar liefhad op de enige manier die haar persoonlijkheidstype toestond. Die manier week weliswaar af van de wijze waarop Helen verwachtte en wenste te worden bemind, maar was daarom niet minder gemeend of waar.

Ze begon zich af te vragen wat ze nog meer als vanzelfsprekend had aangenomen – over haar dochter, haar man en zelfs over zichzelf.

Heftige conflicten; het te voorschijn komen van het persoonlijkheidstype in zijn zuiverste vorm

Helen was zich ervan bewust dat haar man en haar dochter hun 'natuurlijke' gedrag aanpasten wanneer zij zich bij hen voegde. Dat deden ze om haar op haar gemak te stellen en haar binnen de familiekring op te nemen.

Als sociale wezens passen we allemaal ons gedrag aan de mensen van wie we houden aan, simpelweg omdat we het fijn vinden bij hen te zijn en door hen geaccepteerd willen worden. We willen dat ze zich op hun gemak voelen en houden rekening met hun gevoelens. Instinctief handelen en reageren we op een manier die zij prettig en begrijpelijk vinden.

Wanneer we ons gedrag aan hen aanpassen, verbergen of maskeren we onze ware persoonlijkheid enigszins. Deze schemert nog wel door, maar komt afgezwakt en minder expliciet tot uitdrukking.

Er is echter een moment waarop ons persoonlijkheidstype op geen enkele manier wordt afgezwakt of gecamoufleerd. Dat is wanneer we worden aangevallen, en dan in het bijzonder bij een heel persoonlijk gerichte verbale aanval.

Het klassieke voorbeeld hiervan is een felle ruzie of een familietwist.

We komen onder spanning te staan en vechten terug. We reageren instinctief om onszelf te beschermen en onze aanvaller te verslaan. Daarbij gebruiken we de methode die bij ons het beste werkt. We doen wat ons van nature is ingegeven.

Wat dan als vanzelf naar de oppervlakte komt, is onze persoonlijkheid in haar zuiverste vorm. De voor ons type kenmerkende eigenschappen komen onverbloemd en in alle hevigheid te voorschijn. We gedragen ons zo puur als maar mogelijk is, en op zo'n moment is ons persoonlijkheidstype haarfijn te bepalen.

Het persoonlijkheidstype bepalen van de mensen van wie je houdt

Het volgende profileringsschema voor het snel identificeren van het persoonlijkheidstype van de mensen van wie je houdt, is gebaseerd op het herkennen van de onderscheidende kenmerken die mensen tonen wanneer ze in een felle woordenstrijd onder vuur komen te liggen.

Deze identificatietechniek is veel diepgaander dan de vorige, waarbij het 'beheersbare' sociale gedrag wordt geobserveerd van mensen die je voor het eerst ontmoet.

Je maakt gebruik van de wetenschap hoe de persoon die je gaat identificeren reageert als hij met jóu ruzie heeft.

Ook nu geldt dat dit geen techniek is voor zelfidentificatie. Probeer niet je eigen type uit dit schema af te leiden. In het volgende hoofdstuk lees je hoe je je eigen type kunt bepalen.

Lees eerst elke kolom van het schema van boven naar beneden, zodat je van elk persoonlijkheidstype een algehele indruk krijgt. Lees daarna elke rij om de verschillende gedragspatronen van de typen in conflictsituaties te vergelijken en tegen elkaar af te zetten.

Gebruik deze kennis om de persoonlijkheidstypen te bepalen van de personen die je in gedachten hebt.

Als je nog twijfels hebt over het persoonlijkheidstype van iemand die je wilt identificeren, neem het schema dan nogmaals heel zorgvuldig door.

Iemand kan maar tot één type behoren, combinaties van typen zijn niet mogelijk.

Onthoud dat dit schema alleen werkt bij iemand van wie je houdt èn met wie je een flink meningsverschil hebt gehad. Als je een bepaalde persoon niet goed kunt identificeren, komt dat doordat je niet echt van hem houdt of nog nooit zodanig met hem in conflict bent geweest, dat zijn persoonlijkheidstrekken in zuivere vorm naar de oppervlakte zijn gekomen.

Als dit zo is, maak dan gebruik van het eerste profileringsschema (blz. 38) om het type te bepalen. Lees met dat type in je achterhoofd verder om uit te zoeken wíe die persoon in werkelijkheid is, ook al heeft hij zich nog niet in zijn ware gedaante aan je getoond.

Wat kleren ons verraden...

In het openbaar moeten we de kleding dragen die past bij onze functie of de groep waartoe we behoren. In onze vrije tijd hoeven we ons echter niet te houden aan een door werk, superieuren of onze 'plaats in de maatschappij' opgelegd tenue, en zijn we vrij te dragen wat we willen. Dan kiezen we voor kleren die onze persoonlijkheid weerspiegelen.

Gevoelstypen geven de voorkeur aan warme, neutrale, zachte kleuren en aardetinten. Hun kledingstijl laat hun aanwezigheid, ideeën of lichaam niet overdreven duidelijk tot uiting komen. Ze willen graag in de menigte opgaan.

Gedreven typen geven de voorkeur aan heldere, frisse kleuren, en met hun soms onconventionele en opvallende stijl benadrukken ze hun individualiteit. Vooral vrouwen van het gedreven type willen er in een menigte graag uitspringen.

Analytische typen houden meer van conventionele, functionele en degelijke kleding. Ze passen hun kleren aan de situatie aan – voor ontspanning, om in de tuin te werken, met de kinderen te stoeien of olie te verversen. Hun kledingkeuze is op de eerste plaats 'logisch'.

Elitaire typen getuigen zelfs in hun meest uitgesproken vrijetijdskleding van stijl, elegantie en smaak. Hun keuze mag soms eigenaardig zijn, hun kleding is te allen tijde 'gepast'.

In elke relatie – pril of minder pril – kun je, als je eraan twijfelt of je de èchte persoon voor je hebt, aan de hand van de kleding die je partner draagt als hij 'zichzelf' is, op een betrouwbare manier zijn persoonlijkheidstype vaststellen en zien wie hij in werkelijkheid is.

Profilering: schema II Het identificeren van persoonlijkheidstypen bij conflictsituaties

	Gevoelstype	**Gedreven type**	**Analytisch type**	**Elitair type**
Houding of gewekte indruk:	Emotioneel betrokken; Verdedigende houding; Reageert trager dan andere typen; Schuwt confrontaties; Twijfelt aan eigen moed	Enthousiast en vurig betrokken; Klaar voor de aanval; Ruzie is een spel – dat gewonnen moet worden; Reageert snel; Moet controle hebben over de situatie en de ander	Analytisch, berekenend; Niet emotioneel betrokken; Ziet geen fout of schuld – het is niet zíjn probleem, maar dat van de ander; Onderliggende agressie	Superieur, houding van 'hier sta ik boven'; Oorzaak van probleem ligt bij een ander – zéker niet bij hem; Dominerende houding
Offensieve/defensieve aanvalsmethode:	Voornamelijk defensief; Eerder reagerend dan provocerend; Neigt bij beginnende stress tot ontkenning; Overdreven ernstig; Luistert aandachtig, probeert geduldig te zijn; Wil andermans houding en redenering weten alvorens terug te slaan; Geeft soms toe om een conflict te voorkomen;	Uiterst offensief; Wil bij een woordenwisseling de leiding voeren; Pikt snel op wat de ander bedoelt; Richt zich op de zwakke plek in andermans betoog; Gebruikt woede als machtsmiddel over de ander; Schakelt tussen uitersten, neemt zelden een gematigde houding aan;	Offensief op berekenende wijze; Doodernstig; Dogmatisch; Eigen redenering en logica zijn kristalhelder; wie dat niet ziet zit fout; Toont geen wroeging, tenzij duidelijk is dat de oorzaak van het probleem bij hem ligt;	Offensief als hij wordt aangevallen; Uitdagend als hij wordt bedreigd – houdt zich verder afzijdig; Weet precies waar de ander het over heeft, maar zegt dat hij het niet begrijpt of dat het niet ter zake doet;

	Gevoelstype	Gedreven type	Analytisch type	Elitair type
Offensieve/defensieve aanvalsmethode:	Valt niet frontaal aan, maar vanaf de zijlijn; Bewaart commentaar voor de tegenaanval in plaats van telkens te onderbreken; Vat wat een ander zegt in enkele opmerkingen samen	Is ongeduldig als een ander praat en onderbreekt hem met opmerkingen; Praat te veel; Reageert muggezifterig op andermans redenering	Reageert snel op echte of denkbeeldige minachting; Controleert onbewust andermans opmerkingen; maakt melding van onjuistheden of onnauwkeurigheden; Wil weten waarom hem iets wordt gevraagd of meegedeeld	Moet controle hebben over de ander en de situatie; Altijd op zijn hoede om zijn zelfbeheersing niet te verliezen; Praat te veel over eigen problemen
Reacties: *(i) Emotioneel:*	Totale emotionele betrokkenheid; Kan niet omgaan met emotionele pijn of tegen hem gerichte kwaadheid; Raakt bij als niet-eerlijk ervaren stress van slag; Heeft een hekel aan theatraal gedoe, luidruchtigheid of kwaadheid – sluit zich af en raakt in zichzelf gekeerd	Prikkelbaar; In verbaal opzicht uiterst dramatisch en theatraal; Doorloopt in snel tempo verschillende stemmingen; Snel tot woede gedreven	Beschouwt emoties als een zwakte waarvan kan worden geprofiteerd; Verbijsterd en van zijn stuk gebracht door emotionaliteit	Lijkt emotioneel onrustig

	Gevoelstype	Gedreven type	Analytisch type	Elitair type
(ii) Intellectueel:	Dominante stemming is marchanderen; Emoties tasten het vermogen tot logisch denken aan; Als hij wordt benaderd vanuit een andere stemming of vanaf een andere golflengte, zal wat de ander zegt rationeel gezien geen aansluiting vinden; Hunkert ernaar te worden gerespecteerd om wie hij is	Dominante stemming is woede; Snel van geest; Ziet snel waar de oorzaak van het probleem ligt; Heeft in stress-situaties altijd gelijk; Zijn manier is de enige juiste, en wie dat niet ziet is een dwaas; Liegt om zijn gelijk te bewijzen; Gebruikt persoonlijke (geen objectieve) logica om de ander te overtuigen	Dominante stemming is ontkenning; Reageert zuiver intellectueel op stress; Houdt eigen woede met logica onder de duim; Heeft het gevoel dat hij in 'het oog van de orkaan' zit, terwijl anderen eromheen wervelen	Dominante stemming is depressie; Voelt zich in intellectueel opzicht superieur; Denkt na over wat er in een relatie kan gebeuren of waartoe ruzie kan leiden
(iii) Fysiek:	Richt zijn blik vooral naar links. Uitgesproken lichaamstaal, die emotionele staat weergeeft	Richt zijn blik vooral naar rechts; Levendige, dramatische en theatrale lichaamstaal, die wordt gebruikt om te benadrukken en te manipuleren	Richt zijn blik vooral naar rechts; Zeer beheerste lichaamstaal; Latent agressief	Richt zijn blik vooral naar rechts; Nooit 'grof' in conflictsituaties; Lijkt soms tijdelijk onder hypnose – heeft zich geestelijk afgesloten

3

Je eigen persoonlijkheidstype bepalen

'Ik weet precies wie ik ben – geloof ik.' Het probleem om jezelf duidelijk te zien

Het herkennen en accepteren van je eigen persoonlijkheidstype, de volgende stap, is soms veel moeilijker dan het identificeren van dat van een ander.

Al vanaf onze geboorte leven we met onszelf, dus het ligt voor de hand dat we onszelf als geen ander kennen.

Hoe oud we ook zijn, we zijn allemaal in aanraking geweest met de 'ik'-generatie, met boeken over zelfbewustzijn, met tijdschriftartikelen die ons aansporen 'in contact met onze gevoelens' te komen, en met een schier eindeloze stortvloed van mediaprogramma's die ons op een of andere manier smeken toch vooral onszelf te leren kennen.

We hebben onze drijfveren onderzocht, ons gedrag bestudeerd, en werden genadeloos gedwongen onszelf te zien zoals we zijn, met gebreken en al.

We weten dus precies wat ons drijft. We weten precies wie we in werkelijkheid zijn.

Of niet soms?

Als we onszelf echt zo goed kennen, hoe komt het dan dat we ons persoonlijkheidstype niet meteen kunnen afleiden uit een van de profileringsschema's die we zojuist hebben bekeken? De mensen om ons heen hebben we snel genoeg geïdentificeerd, maar als het erop aankomt ons eigen type te bepalen, vinden we dat we in geen enkele categorie thuishoren; bij elk van de vier typen treffen we iets van onszelf aan.

Als we het eerste profileringsschema (blz. 38) bekijken, vinden we onszelf misschien 'vriendelijk en hartelijk' als het gevoelstype, 'heel opmerkzaam' als het gedreven type, 'geestelijk bescheiden en beheerst' als het analytische type en tot slot 'een bijzonder iemand' als het elitaire type. Uit het tweede schema (blz. 44 t/m 46) leiden we misschien af dat we bij een meningsverschil 'geduldig luisteren' (gevoelstype), 'snel oppikken wat een ander bedoelt' (gedreven type), 'onze woede onder de duim houden' (analytische type) en 'nooit grof doen', iets dat we van het minst voorkomende type, het elitaire, herkennen.

Wat zijn we toch goed. Eigenlijk zijn we de aardigste persoon die we ooit hebben ontmoet, met alleen de best denkbare eigenschappen.

Dat is nu juist het probleem.

'Maar ik deed het omdat...' Hoe we ons eigen gedrag goedpraten

We zien onszelf niet als iemand met grote gebreken, omdat, zoals Mark Twain al zei, 'een mens zich niet prettig voelt zonder zijn eigen goedkeuring'. Om het leven met onszelf draaglijk te maken, moeten we tevreden zijn met wie we zijn – en dat doen we dan ook, bijna zonder voorbehoud.

De weinige gebreken die we hebben, zien we in een heel ander licht dan de mensen om ons heen. Zij mogen zich kritisch en hard tegenover ons opstellen, voor onszelf zijn we nooit kritisch en hard. We vinden het juist gemakkelijk onze eigen daden te rechtvaardigen, en zijn meester geworden in het wegredeneren, projecteren en bagatelliseren van onze karakterfouten. We doen het tenslotte al sinds onze jeugd.

We leren al vroeg hoe we ons gedrag met plausibele verklaringen kunnen rationaliseren. Een kind dat een standje krijgt omdat het zijn zusje heeft pijn gedaan, roept misschien uit: 'Maar ik moest haar wel omduwen, anders had ze de bal op straat gegooid en dan was ze erachteraan gerend en onder een auto gekomen. Dan had ik niet eens meer een zusje gehad!'

Hij weet dat zijn verhaal niet klopt. Zijn zusje was gewoon lastig en hij wilde dat ze ophield, daarom gaf hij haar een duw. Hij beseft echter dat hij verkeerd heeft gehandeld en wil zijn gedrag op de een of andere manier rechtvaardigen. Hij bedenkt dus een geloofwaardig verhaal dat zó goed klinkt, dat hij er waarschijnlijk zelf in gaat geloven. Hij is zelfs verontwaardigd als zijn ouders hem niet geloven.

Ook ontdekt het kind dat het voordelen heeft zijn gedrag goed te praten door er bagatelliserend over te doen: 'Ach, ze sloeg alleen maar met haar hoofd tegen de stoep. Ze heeft niks gebroken, ze bloedt niet eens!'

Als hij iemand anders de schuld kan geven, probeert hij zich zelfs nog méér goed te praten: 'Eigenlijk was het allemaal háár fout. Als zij me niet had geplaagd, was ik helemaal niet boos op haar geworden.' Misschien geeft hij wel een trap tegen de bal waarmee zijn zusje aan het spelen was en zegt: 'Die stomme bal is trouwens veel te groot voor haar!'

Tegen de tijd dat we volwassen zijn, beheersen we de techniek om onszelf goed te praten tot in de finesses. We kunnen onszelf vrijwel alles vergeven.

Als volwassenen hebben we er geen enkel probleem mee onszelf te vergeven in een relatie met een echtgenoot of geliefde, waarin we koste wat kost willen voorkomen van fouten te worden beschuldigd. We menen al onze misstappen te kunnen wegredeneren. We zeggen: 'Ik bied mijn excuses niet aan, onder de omstandigheden was mijn optreden volkomen gerechtvaardigd. Bekijk het nu eens van deze kant...'

We proberen zelfs onze misstap te bagatelliseren: 'Het is de eerste keer sinds ons huwelijk dat ik ontrouw ben geweest. Ik ben niet zoals al die anderen die maar wat aanrommelen.' Ondertussen leggen we de schuld handig bij de ander: 'Eigenlijk is het jouw schuld. Jij flirtte met iedereen op het feest. Dit zou nooit gebeurd zijn als jij je iets beter wist te beheersen.' Of zelfs: 'Die verdraaide feestjes – er is altijd te veel drank!'

We hebben onszelf zó lang en met zó veel succes gerechtvaardigd, dat we tegen de tijd dat we volwassen zijn het beeld dat we van onszelf hebben geschapen ook werkelijk geloven. We ervaren onze eigen gedachten en gevoelens als zo verheven en oprecht, dat iemand die dat anders ziet niet goed wijs moet zijn of gewoon boosaardig.

Persoonlijkheid bestaat bij de gratie van de toeschouwer: waarom het niet eenvoudig is je eigen type te bepalen

Helaas voor ons zijn die anderen niet boosaardig of 'niet goed wijs'.

Aangezien ze onze intieme gedachten en gevoelens niet kennen, zien ze ons compleet anders dan we onszelf zien. Ze zien ons gedrag niet vanuit onze visie, maar vanuit die van hen. Bovendien kunnen zij ons niet zo gemakkelijk vergeven als we dat onszelf kunnen.

Elk persoonlijkheidstype rechtvaardigt zijn karakteristieke manier van denken en handelen op zijn eigen wijze. Hij of zij heeft er geen enkel probleem mee de trekjes die anderen als irritante gebreken beschouwen, te rationaliseren, te projecteren of te bagatelliseren.

Als we bijvoorbeeld een gevoelstype zijn, beschouwen we onszelf met het grootste gemak als verzoeningsgezind, attent en vriendelijk. Andere typen, die ons gedrag op hùn manier uitleggen, zien ons misschien als besluiteloos, sloom en kruiperig.

Als we van het gedreven type zijn, rechtvaardigen we ons directe en openlijke gedrag met de gedachte dat we alleen maar scherpzinniger, besluitvaardiger en sterker zijn dan anderen. Toch zien anderen, die ons gedrag vanuit hùn perspectief bekijken, ons alleen maar als eigenwijs, bazig en arrogant.

Als we van het analytische type zijn, vinden we onszelf logisch, ordelijk en consequent. Anderen zijn daarentegen minder vergevensgezind en zien ons als een koele, harteloze en berekenende persoon.

Zijn we van het elitaire type, dan menen we dat we charmant zijn, de zaken goed onder controle hebben en respect verdienen. Anderen zien ons mogelijk als afstandelijk, arrogant en zelfvoldaan.

Wie heeft er nu gelijk. Wij of zij?

Jammer genoeg luidt het antwoord 'zij'.

Persoonlijkheid bestaat niet bij de gratie van de eigenaar, maar bij die van de toeschouwer. Jezelf zien door de ogen van die toeschouwer is de enige manier om ooit te kunnen communiceren met die minder vergevensgezinde persoon tegenover je, wiens begrip zo veel voor je betekent.

'Ik dacht dat je van me hield zoals ik was.' Hoe anderen ons zien

We zijn ons allemaal bewust van enkele van de weinig vleiende gedachten die anderen over ons hebben. Toch zijn die paar onaangename signalen niet voldoende om de totale omvang van andermans ideeën te begrijpen.

Wanneer in *The Mary Tyler Moore Show* bijvoorbeeld Mary Richards (een gevoelstype) in de flatkwestie tegenover Rhoda Morgenstern (een gedreven type) komt te staan, beseft ze dat Rhoda meent over haar heen te kunnen lopen. Maar is ze zich er ook van bewust dat Rhoda haar als zó'n halfzachte beschouwt, dat ze zich wel schuldig móet voelen om haar eigen dominante houding, en medelijden met haar krijgt?

Mary ziet zichzelf als geduldig, zorgzaam en vriendelijk. Rhoda ziet haar helemaal niet zo. Ze ziet alleen maar iemand die al te gemakkelijk te manipuleren is.

Zo vindt Rhoda zichzelf assertief, vlot en overtuigend. Mary daarentegen vindt haar alleen maar drammerig en bazig: een bullebak.

Het betreft hier een lichthartige scène in een komische t.v.-serie, en de kijker ziet alleen de grappige kant van de botsing tussen twee persoonlijkheden. Het is niet leuk wanneer dergelijke botsingen zich in het echte leven voordoen tussen man en vrouw. Het kan dan gaan over hoe de taken in huis worden verdeeld, hoe de vakanties worden doorgebracht, hoe de kinderen moeten worden opgevoed en zelfs hoe dat wanhopige, fundamentele verlangen om samen te zijn tot uitdrukking moet worden gebracht.

Dergelijke botsingen tussen heel verschillende persoonlijkheden kunnen alleen lichthartig en binnen beheersbare grenzen worden gehouden wanneer elk type begrijpt hoe de ander hem of haar ziet.

Als we onszelf kunnen zien op de manier waarop anderen ons zien, kunnen we met evenveel gemak ons eigen persoonlijkheidstype bepalen als dat van degenen die ons het dierbaarst zijn.

'Denk je zó over me' Jezelf zien door de ogen van een ander

Om onszelf vanuit dit perspectief te zien, moeten we als het ware uit ons lichaam stappen en onszelf bekijken zoals anderen ons zien – met gebreken en al. Zelfs dan kunnen de tekortkomingen die we denken te hebben anders zijn dan de tekortkomingen die anderen zien. We moeten heel eerlijk zijn en uiterst objectief. Ook al vinden we sommige dingen die we over onszelf ontdekken niet leuk, toch is dit de enige manier om uit te vinden waarom anderen op onze persoonlijkheid reageren zoals ze doen.

Om onszelf precies zo te zien als anderen ons zien, moeten we onze ideeën en gevoelens ten aanzien van ons gedrag vergelijken met de reacties van anderen op datzelfde gedrag.

De gedachten en gevoelens die we hebben als we onder spanning staan, zijn het eenvoudigst te herkennen, vooral wanneer we ruzie hebben met iemand die voor ons belangrijk is. Dan verschijnt immers onze persoonlijkheid in haar zuiverste vorm en komen onze 'ware' geestelijke en emotionele patronen aan de oppervlakte.

Hoewel ieder van ons, ongeacht zijn persoonlijkheidstype, bij diepgaande conflicten met iemand van wie hij houdt door stadia van ontkenning, woede en depressie gaat, uiten we deze emoties op verschillende wijze.

Wanneer de persoon met wie we ruzie hebben eveneens onder spanning staat, ervaren we ook zíjn 'ware' reacties op ons gedrag wanneer we deze emoties uiten of onderdrukken.

Onderstaande zelf-identificatieschema's illustreren zowel de innerlijke gedachtengang van alle persoonlijkheidstypen, als de visie van buitenstaanders. Ze geven aan hoe we onszelf zien èn hoe anderen ons zien.

Lees eerst de kolom waarin je denkt te vinden hoe je reageert als je je aangevallen voelt. Is dat inderdaad de manier waarop je bij spanning reageert, lees dan de volgende kolom, die aangeeft hoe ànderen je gedrag beoordelen. Misschien zijn ze te beleefd om het je in je gezicht te zeggen, dènken doen ze het in elk geval!

Hoe weet je of je een gevoelstype bent?

Degenen onder ons die van het gevoelstype zijn, stellen doorgaans het belang van anderen boven dat van zichzelf. Ze zijn het gelukkigst wanneer iedereen krijgt wat hij wil en er geen wrijving is. Als je vraagt waar ze zin in hebben, antwoorden ze meestal iets in de trant van: 'Wat je maar wilt...'

Ze zien zichzelf als attent en genereus, en zijn dan ook diep gekwetst wanneer ze zo iets onrechtvaardigs te horen krijgen als: 'Heb je dan nóóit een eigen mening?', 'Waarom laat je iedereen over je heen lopen?', 'Waarom zeg je niet meteen wat je denkt?' of zelfs 'Wat een slapjanus!'

Als je jezelf regelmatig hoort zeggen: 'Alles wat je wilt, is mij goed...', maar voortdurend het verwijt krijgt dat je te gemakkelijk instemt, als je jezelf verzoeningsgezind en attent vindt terwijl iedereen je bekritiseert om je matheid en halfzachte houding, dan ben je waarschijnlijk een gevoelstype. Zie het schema op blz. 55 e.v.

Hoe weet je of je een gedreven type bent?

Aan de andere kant wekken degenen onder ons die van het gedreven type zijn, die zich van nature openlijk uiten en anderen ongevraagd hun mening geven, doorgaans de irritatie op van andere mensen, die hun gedrag in vergelijking met dat van henzelf onbescheiden en overdreven vinden. Ze zien dat gedrag als theatraal, grenzend aan sensatiezucht.

Murphy Brown (een gedreven type) heeft op een gegeven moment een bijzonder vermoeiende dag, waarop alles haar lijkt tegen te zitten, wat ze dan ook niet voor zich houdt. Als klap op de vuurpijl krijgt ze te horen dat de hoge heren zich zorgen maken om haar verschijning voor de camera: zwanger en te dik.

Niet in staat haar verontwaardiging voor zich te houden, valt ze tegen Miles, haar producent, uit dat ze het ongelooflijk vindt dat ze na vijftien jaar bij de televisiemaatschappij wordt onderworpen aan zoiets belachelijks en vernederends als een verschijningsclausule.

Miles, die op dat moment zijn buik vol heeft van de manier waarop ze haar gevoelens ventileert, zegt ten slotte: 'Murphy, kun je je woede misschien beperken tot één onderwerp per dag? De programmacoördinatie, de verschijningsclausule, mensen die hun pincode zijn vergeten – alsjeblieft, kies er één uit!'

Als Murphy's houding je aanspreekt en haar gedrag je volkomen gerechtvaardigd lijkt, dan ben je waarschijnlijk heel vertrouwd met de beschuldiging dat je melodramatisch doet, snel kwaad wordt en nooit lang genoeg je mond houdt om een ander aan het woord te laten. Je bent beslist een gedreven type.

Het zelf-identificatieschema voor het gedreven persoonlijkheidstype toont hoe gedreven typen in stress-situaties denken, terwijl het tegelijkertijd laat zien hoe anderen – die hun drijfveren niet kennen – op hun persoonlijkheid reageren.

Hoe weet je of je een analytisch type bent?

De analytische typen onder ons zijn allemaal wel eens geconfronteerd met de beschuldiging die ook tegen Barbara Walters werd geuit: dat ze 'bikkelhard, zelfs gevoelloos' was.

Ze vinden dat uiterst oneerlijk. Hun gevoelens en emotionele reacties zijn hùn zaak, en daar heeft niemand iets mee te maken. Ze kunnen er zelf prima mee overweg en hebben niet de behoefte ze in het openbaar te tonen. Eigenlijk verwijten ze degenen die hun gevoelens zo overduidelijk uiten een flagrant gebrek aan zelfbeheersing en een slappe houding.

Ze weten dat als ze zich door hun emoties laten leiden, ze niet meer in staat zijn helder na te denken of een oplossing te vinden voor problemen die pijnlijke gevoelens in hen oproepen.

In een interview met Merv Griffin verwoordde Barbara Walters de visie van het analytische type op de volgende wijze: 'Als ik vroeger met dergelijke kritiek werd bestookt, huilde ik in stilte. En dat is denk ik wat me heeft gered. Ik huilde niet in de ether, ik jankte niet. Nu doet het niet meer zo'n pijn als destijds... Het enige dat je in mijn positie kunt doen, is doorgaan met werken, zo goed als je kunt.'

Iemand die zich echter niet bewust is van de stille pijn van analytische typen (analytische typen zijn meesters in het verbergen van die pijn), interpreteert dit gedrag als koel, ongevoelig, onpersoonlijk en hard.

Het zelf-identificatieschema beschrijft hoe analytische typen reageren wanneer ze in conflict zijn met iemand die hen dierbaar is, en op de beschuldigingen die tegen hen worden geuit door mensen die niet weten hoe een analytisch type denkt.

Als je in gelijksoortige situaties óók zo denkt en de in het schema weergegeven beschuldigingen herkent, ben je een analytisch type.

Hoe weet je of je een elitair type bent?

Degenen onder ons die van het elitaire type zijn, weten dat anderen niet echt hoogte van hen krijgen en dat ze voor de meeste mensen een raadsel blijven. Dat vinden ze echter prima. Ze houden anderen het liefst op een armlengte afstand en hebben heel weinig intieme relaties.

Henry Kissinger (een elitair type) is wel eens een 'charmant raadsel' genoemd. Toen de Italiaanse journaliste Oriana Fallaci hem in een interview voor *The New Republic* vroeg of hij verlegen was, antwoordde hij:

'Ja, nogal. Aan de andere kant ben ik toch ook vrij evenwichtig. Weet je, sommigen beschrijven me als een raadselachtige, gekwelde persoon en anderen zien me als een vrolijke vent die altijd lacht. Beide beelden zijn onjuist. Ik ben noch het een, noch het ander. Ik ben... nee, dat vertel ik je niet. Dat vertel ik niemand.'

Alleen die ene persoon die belangrijk voor hen is, willen ze wèl uitleggen wie ze zijn. Het elitaire type verlangt er wanhopig naar dat die persoon hem helemaal begrijpt – en ervaart het als intriest dat hij of zij daar nooit helemaal in slaagt.

Elitaire typen weten dat ze bij conflictsituaties moeite hebben met die persoon in contact te blijven en hem of haar van hun standpunt te overtuigen. Het zelf-identificatieschema beschrijft het verschil tussen de manier waarop elitaire typen dènken dat ze zich gedragen en de manier waarop anderen dat gedrag interpreteren.

Het verkeerd interpreteren van gedrag

Net als bij een hologram, dat wanneer het van een andere kant of met een andere lichtinval wordt bekeken een heel ander beeld laat zien, vormen de manier waarop wij onze persoonlijkheid waarnemen en de manier waarop anderen dat doen, twee totaal verschillende beelden.

Dingen die we – omdat we onszelf begrijpen – als vanzelfsprekend aannemen, komen in ons gedrag niet tot uiting zoals we denken. Anderen trekken uit onze woorden en daden conclusies die we niet bedoelen. Ze interpreteren ons verkeerd. Tegelijkertijd interpreteren wij hen óók verkeerd.

Als ze ons ooit willen begrijpen en liefhebben om wie we zijn, moeten ze de ware betekenis van onze woorden en ons gedrag inzien tegen het licht van ons persoonlijkheidstype.

Voordat we dat kunnen verwachten van de mensen die ons dierbaar zijn, moeten we eerst leren hèn te zien zoals ze echt zijn. We moeten hun bedoelingen begrijpen vanuit hùn perspectief en niet vanuit het perspectief van ònze persoonlijkheid.

Lichaamssignalen

Soms voelen mensen zich verplicht te doen alsof ze je mogen, respecteren en bewonderen, terwijl ze je in feite niet kunnen uitstaan. Ze voeren een schertsvertoning op en menen je met woorden te kunnen doen geloven dat ze je oprecht accepteren (of zelfs bewonderen).
Hun lichaam kan echter een heel ander verhaal vertellen.
Wat iemand je ook mag zeggen, als zijn lichaam een aantal van de volgende signalen uitzendt, kun je er zeker van zijn dat hij je volledig afwijst.

1. Hij houdt zijn bovenlichaam van je af gedraaid of zelfs weggebogen.
2. Tijdens het praten zit hij met één been uitgestrekt, en houdt hij de voet van het andere been stevig en plat op de grond.
3. Hij houdt zijn ene schouder hoger dan de andere.
4. Hij lacht te veel en ontbloot daarbij alleen zijn boventanden, of heeft langer dan vijftien seconden eèn bevroren glimlach of grijns op zijn gezicht staan.
5. Hij schuifelt met zijn voeten, kan niet stilzitten, zit ergens aan te frunniken of zet zijn lees- of gewone bril voortdurend op en af.
6. Hij werpt steelse blikken op de klok of op zijn horloge.
7. Als je praat, bijt hij op zijn tong of lippen, of draait zijn hoofd opzij.
8. Zijn gezichtsspieren zijn bijna voortdurend gespannen.
9. Hij kijkt van je weg en lijkt alles om zich heen interessanter te vinden.
10. Hij beweegt zich snel, stram en zonder enige soepelheid.
11. Als hij teruglacht, doen zijn ogen niet mee.

Klakkeloos aannemen dat iemand je niet mag, getuigt van paranoia. Bewezen zien dat iemand je niet mag, is geen verbeelding maar de naakte waarheid.

Zelfidentificatieschema; Je bent een gevoelstype als

Bij	**Jij denkt:**	**Maar anderen zeggen of denken:**
Dreigend conflict	Je bent uiterst gevoelig voor andermans emotionele onrust. Je bent je altijd bewust van spanningsvelden tussen mensen. Je voelt waar het probleem of de fout ligt, waar het gevaar vandaan komt, wanneer iemand pijn heeft of gekwetst is. Je voelt haarfijn aan of geuite beschuldigingen wel of niet terecht zijn. Je probeert een conflict in de kiem te smoren door een verzoenende houding aan te nemen.	'Houd op een allemansvriend te zijn.' 'Je hoeft de lasten van de hele wereld niet te dragen.' 'Waar maak je je druk over? Het is niet jouw probleem.' 'Rustig aan, maak je toch niet zo druk.' 'Maak je nou eens geen zorgen over wat ìk denk. Zeg me liever wat je zèlf denkt.'
Beginnend conflict	Je wilt niet onmiddellijk reageren, tenzij de aanval wel heel oneerlijk is. Je wilt andermans standpunt aanhoren en begrijpen alvorens een conclusie te trekken. Je wilt aandachtig, geduldig en met een open geest naar de ander luisteren, en nagaan hoezeer het conflict hem raakt. Je vindt het belangrijker te weten hoe de ander zich naar aanleiding van het conflict voelt, dan hoe hij over de feiten van het conflict denkt. Je wilt je eigen gevoelens niet tonen omdat dat een heftige reactie kan uitlokken. Je probeert warmte, vriendelijkheid en begrip uit te stralen. Je wilt anderen het voordeel van de twijfel geven, totdat je het probleem begrijpt.	'Zeg iets! Heb je dan geen eigen mening?' 'Doe toch niet zo slap – waarom vecht je niet terug?' 'Houd op te zeggen wat je denkt dat ik wil horen, en vertel me liever wat jíj denkt!' 'Je bent veel te aardig!' 'Is er dan niets wat je echt belangrijk vindt? Waarom reageer je niet op wat ik zeg?' 'Je laat gewoon over je heen lopen!' 'Waarom geloof je alles wat anderen je zeggen? Ben je dan echt zo onnozel?'

	Je wilt, alvorens een standpunt in te nemen, over alle informatie beschikken; daarom luister je zonder te onderbreken naar de lange, saaie en ingewikkelde verklaringen van de ander. Je wacht totdat je denkt over alle relevante informatie te beschikken, dan neem je een standpunt in en bepaal je hoe je het probleem moet aanpakken om de ander zo min mogelijk te kwetsen. Als je met een heel oneerlijke aanval wordt geconfronteerd, voel je je gedwongen met een sterke emotionele respons onmiddellijk tot de tegenaanval over te gaan.	'Reageer toch niet zo emotioneel!'
In alle hevigheid losgebarsten conflict	De ander is de agressor en je moet jezelf tegen de aanval verdedigen. Aangezien je zorgvuldig over je standpunt hebt nagedacht, laat je je alleen leiden door heel overtuigende feitelijke of emotionele bewijzen. Je reageert meer op de gekwetstheid van de ander dan op zijn logische argumenten. Je bent meer geïnteresseerd in hoe de ander zich naar aanleiding van het conflict voelt, dan in de feiten. Je wilt een probleem nooit frontaal benaderen, want dat zou wel eens een te heftige reactie kunnen oproepen. Een indirecte benadering heeft volgens jou meer effect.	'Ik bedoel het niet persoonlijk, maar ik ben het niet eens met wat je zegt!' 'Je bent vreselijk koppig; als je eenmaal een bepaald gevoel hebt, dan kan niets je meer op andere gedachten brengen!' 'Wil je me alsjeblieft niet meer vragen wat voor gevoel me dat geeft? Dat is niet waar het nu om draait!' 'Moet ik nog veel van dat emotionele gedoe verdragen?' 'Houd nou een op over die onbelangrijke dingen en kom alsjeblieft ter zake!' 'In 's hemelsnaam, wees niet zo aardig als ik je uitkaffer!' 'Ik weet nooit hoe jíj erover denkt. Zèg iets, wil je?' 'Wees niet zo emotioneel!'

In alle hevigheid losgebarsten conflict (vervolg)	Je bent bereid op onbelangrijke punten toe te geven om de ander voor je te winnen, om te laten zien dat je zijn pijn begrijpt, om eerlijk te zijn en verdere escalatie te voorkomen. Je voelt je klem gezet: – als je te zeer wordt gedomineerd; – als je niet de kans krijgt je standpunt op jouw manier duidelijk te maken; – als je niet op dezelfde prettige en onbevooroordeelde manier wordt aangehoord als je zelf hebt gedaan. Door het onredelijke van de situatie vind je het terecht dat je emotioneel reageert in plaats van rationeel. Door de onredelijkheid van de ander is al je medeleven verdwenen en heb je moeite begrip op te brengen voor diens opmerkingen en daar anders dan emotioneel op te reageren.	'Wees niet zo onredelijk!' 'Beheers je!'
	En als gevoelstype: ——— Voel je je tot slachtoffer gemaakt. Doe je er het zwijgen toe en sluit je de ander buiten om je zelfbeheersing niet te verliezen, of verlies je inderdaad je zelfbeheersing en reageer je hysterisch, of trek je je gedeprimeerd in jezelf terug.	En dan krijg je te horen: ——— 'Je luistert niet eens meer naar me, is het wel?' 'Je sluit me gewoon buiten, is het niet?' 'Niet zo wanhopig!' 'Wees niet zo hysterisch!' 'Je hebt alleen maar medelijden met jezelf!'

Zelfidentificatieschema; Je bent een gedreven type als

Bij	**Jij denkt:**	**Maar anderen zeggen of denken:**
Dreigend conflict	Je hebt een hoogontwikkeld gevoel voor goed of fout en wilt ingrijpen om de zaak zo snel mogelijk op te lossen. Je kunt een gevoel van onbehagen verdrijven met logica, woordspelletjes en zelfs humor. Met vaardigheid, opmerkzaamheid en het besef hoe je een eind kunt maken aan pijn of toenemend ongenoegen, kun je anderen tot acceptatie brengen.	'Je weet niet wanneer je te veel bent; het heeft niets met jóu te maken!' 'Wees toch niet zo bazig!' 'Houd alsjeblieft op me te vertellen wat ik moet denken!' 'Je praat altijd veel te veel over jezelf!'
Beginnend conflict	Je ziet de richting die het conflict opgaat duidelijker en sneller dan de ander. Je ziet onmiddellijk mogelijke oplossingen. Je weet welke kant het conflict op moet gaan en hoe het moet worden opgelost. Je kunt de positie van beiden helder en duidelijk verwoorden, zodat jullie de kwestie zo snel mogelijk kunnen afhandelen. De ander kan er wel eens naast zitten en het conflict de verkeerde kant opsturen, dus jij probeert voortdurend hem weer op het juiste spoor te zetten. De ander lijkt nooit naar je te luisteren of te horen wat je zegt. Je blijft van koers veranderen totdat je de gewenste reactie krijgt.	'Wat brengt je op de gedachte dat alleen jíj het juiste antwoord weet?' 'Manipuleer me niet! Dat ik het niet met je eens ben, wil niet zeggen dat ik het fout heb!' 'Jaag me niet zo op, geef me de tijd om na te denken!' 'Ik heb je de eerste keer wel gehoord – je hoeft het niet te blíjven zeggen!' 'Val me niet steeds in de rede. Laat me uitpraten!' 'Verander toch niet steeds van onderwerp!'

In alle hevigheid losgebarsten conflict	Zodra de ander jouw redenering kan volgen en de voor de hand liggende oplossing ziet, zal hij het met je eens zijn. Je mag het de ander op alle mogelijke manieren duidelijk maken: verbaal, emotioneel of met logica – welke manier ook maar het effectiefst is. Zo nodig is een leugentje om bestwil gerechtvaardigd om duidelijkheid te scheppen of de ander weer op het juiste spoor te krijgen. Je brengt de boodschap dramatisch over om de emotionele en rationele doeltreffendheid te verhogen. Doordat de ander niet in staat is je gedachtengang te volgen of meteen mee te gaan in alles wat je zegt, raak je je geduld kwijt. Je probeert hardnekkig te voorkomen dat de ander de richting van het conflict bepaalt of je manipuleert. Als de ander zich op onbelangrijke details richt, is het jouw taak hem weer op het juiste spoor te krijgen, ook al raak je er steeds meer door geïrriteerd. Als de ander het conflict tot een persoonlijke aanval maakt, heb je het recht hem feller aan te vallen dan hij jou aanviel. Als het tempo te traag is, de inzet onbelangrijk of de tegenstander een te gemakkelijke prooi, dan is het conflict voor jou niet de moeite waard.	'Je overvalt me. Geef me even tijd om na te denken!' 'Waarom kun jij nou nooit eens zeggen dat het je spijt?' 'Je hoeft niet te liegen om je standpunt duidelijk te maken!' 'Rustig maar, je hoeft niet zo melodramatisch te doen!' 'Waarom ga jij van het ene uiterste naar het andere? Er is ook een middenweg.' 'Zeg me niet steeds dat ik moet opschieten!' 'Jij wordt ook om àlles kwaad!' 'Ik kon ook wel eens gelijk hebben, weet je? Hoe komt het toch dat je denkt dat alleen jíj het bij het rechte eind kunt hebben?' 'Je hebt niets gehoord van wat ik je heb verteld. Lúister naar me!' 'Je bent de meest arrogante en dominante persoon die ik ooit ben tegengekomen!' 'Het is geen spelletje, ik ben serieus, hoor!' 'Waarom moet je alles wat ik zeg altijd in het belachelijke trekken?' 'Waarom denk je dat je méér recht van spreken hebt dan ik? Waarom moet je altijd het laatste woord hebben?' 'Verveel ik je soms?'

	En als gedreven type:	En dan krijg je te horen:
	Sla je te hard terug en tref je de ander waar je hem het hardst kunt raken. Kun je jezelf er niet van weerhouden dingen te zeggen waar je bijna onmiddellijk spijt van hebt. Ben je verontwaardigd dat de ander niet begrijpt waar het je om gaat en verlies je volledig je geduld. Uit je je woede vurig òf raak je gedeprimeerd door de uitkomst van het conflict en je eigen onvermogen er op een goede manier mee om te gaan.	‘Waarom zeg je altijd de gemeenste dingen die je maar kunt verzinnen?’ ‘Je weet dat dat niet waar is. Waarom zeg je zulke dingen?’ ‘Rustig maar! Er is geen enkele reden om zó kwaad te worden. Je bent gek!’ ‘Heb toch niet zo’n medelijden met jezelf!’ ‘Je zit gewoon te mokken omdat je verloren hebt!’

Zelfidentificatieschema; Je bent een analytisch type als

Bij	**Jij denkt:**	**Maar anderen zeggen of denken:**
Dreigend conflict	Je bent je er altijd heel goed van bewust wanneer iemand iets zegt dat niet klopt. Je voelt haarfijn aan wanneer iemand naar onbeduidende en irrelevante zaken afdwaalt. Je weet heel goed hoe je een en ander weer op het spoor kunt krijgen voordat emotionele reacties de zaak vertroebelen en het probleem uit de hand begint te lopen.	‘Je moet alles niet zo serieus nemen.’ ‘Waarom moet het allemaal zo nauwkeurig?’ ‘Het raakt je niet dat ik me hier zo kwaad over maak, is het wel?’ ‘Het laat je allemaal koud, hè?’

Beginnend conflict	Je moet de oplossing, die in feite heel simpel is, aan de ander uitleggen voordat hij de zaak begint op te blazen. De kwestie is je volkomen duidelijk, en je kunt haar logisch en bondig tot een begrijpelijk geheel samenvatten. Met domheid en kleingeestigheid komt de oplossing van een probleem niet dichterbij; iemand die op zo'n manier reageert, brengt je van de wijs. Je merkt het wanneer de ander niet meer helder kan denken en helpt hem zijn standpunt duidelijk te maken. Emoties moeten onder controle worden gehouden; je bent van je stuk gebracht wanneer de ander zijn verstand volledig door emoties laat ondersneeuwen. Wanneer de ander niet in staat is het probleem objectief te bekijken, probeert hij alle schuld bij jou te leggen.	'Waarom moet het bij jou allemaal zo nauwkeurig en precies?' 'Wees toch niet zo afstandelijk. Het gaat ook jóu aan!' 'Waarom ben je zo serieus? Kun je dan nergens de lol van inzien?' 'Ik bepaal zèlf wel wat ik zeg, en hoe!' 'Doe toch niet zo koel. Sommige mensen hebben gevoel, weet je!' 'Ik bedoel het niet persoonlijk!'
In alle hevigheid losgebarsten conflict	Het is belangrijk de ander een objectief beeld van de situatie te geven – zoals de zaken er werkelijk voor staan. Je mag je gevoelens niet de boventoon laten voeren, maar moet rustig blijven zodat je het probleem duidelijk kunt uitleggen. Je probeert geduldig te blijven als de ander hevig geëmotioneerd reageert.	'Wees toch niet zo dogmatisch!' 'Waarom ben je altijd zo beheerst? Toon in 's hemelsnaam eens wat gevoel!' 'Houd op me te zeggen dat ik me moet beheersen!' 'Je bent harteloos. Toon een beetje menselijkheid!' 'Het laat je persoonlijk allemaal koud, hè?' 'Waarom ben je altijd zo kritisch?' 'Moet je nou echt zo sarcastisch doen? En praat niet zo neerbuigend tegen me!'

In alle hevigheid losgebarsten conflict (vervolg)	Kwetsende beschuldigingen dat je ongevoelig bent, vloeien voort uit het feit dat de ander het probleem uitsluitend vanuit zijn emoties kan benaderen. De ander probeert je opzettelijk te tergen door te doen alsof hij je niet kan volgen. Het is niet meer dan logisch dat je steeds meer geïrriteerd raakt wanneer de ander met allerlei irrelevante zaken op de proppen komt die de oplossing van het conflict niet dichterbij brengen. Je geduld wordt vurig op de proef gesteld wanneer de ander emotioneel blijft volhouden dat alleen jij schuld hebt, wat objectief gezien niet het geval is. Je probeert de ander zijn standpunt net zo helder en beknopt te laten uitleggen als jij, en beseft dat je er slecht tegen kunt als hij dat niet doet.	'Zeg toch niet steeds dat ik onzin uitkraam!' 'Moet je nou altijd zo koppig zijn? Jij kunt het óók wel eens bij het verkeerde eind hebben!' 'Het gaat niet alleen om féiten!' 'Zeg toch niet steeds hetzelfde!' 'Je bent zo weinig flexibel, kun je dan nooit eens van mening veranderen?'
	En als analytisch type:	En dan krijg je te horen:
	Wijs je de ander veel te fel op de zwakke punten in zijn redenering. Raak je gefrustreerd door het onbegrip van de ander en verlies je volkomen je geduld. Haak je af totdat de ander de zaak weer onder controle heeft, verlies je de controle over je eigen woede of raak je gedeprimeerd door de uitkomst van het conflict en je onvermogen het onder controle te houden.	'Je hebt helemaal geen gevoel, je lijkt wel een robot.' 'Waarom denk je dat jij het nooit bij het verkeerde eind kunt hebben?' 'Je bent niet rationeel, maar gevoelloos!' 'Heb toch niet zo'n medelijden met jezelf!'

Zelfidentificatieschema; Je bent een elitair type als

Bij	Jij denkt:	Maar anderen zeggen of denken:
Dreigend conflict	Je bent je er altijd heel goed van bewust wanneer iemand iets doet wat niet gepast is. Je weet meteen waar het probleem ligt en hoe het kan worden opgelost. Met intelligentie, zelfvertrouwen en overredingskracht kun je anderen gemakkelijk tot jouw manier van denken overhalen.	'Denk toch niet altijd dat je beter bent dan de rest!' 'Geloof je nu echt dat alleen jíj weet hoe het moet?' 'Doe niet zo neerbuigend!'
Beginnend conflict	Als de ander bereid is het probleem verstandig te benaderen, dan is een bevredigende oplossing snel gevonden. Je kunt een realistische oplossing bedenken die in rationeel en emotioneel opzicht in evenwicht is. Het is van belang dat dit probleem nú wordt opgelost. De ander is niet in staat zijn kant van het probleem op een samenhangende manier te brengen, en jij moet hem voortdurend aansporen zich nader te verklaren. Als de ander het probleem uitsluitend vanuit zijn eigen standpunt bekijkt, dan is het niet vreemd dat jij je geduld verliest. Als de ander met een pasklare oplossing komt waarvan hij verwacht dat je ermee instemt, is dat zuiver om jou onder controle te houden; je bent verontwaardigd over zijn poging tot manipuleren.	'Ik word ziek van die verwaande houding van je!' 'Wees niet zo afstandelijk. Het is ook jóuw probleem!' 'Waarom doe je altijd alsof je slimmer bent dan de anderen, alsof jij de enige bent die met briljante ideeën kan komen?' 'Kun je je niet één keer laten gaan en wat minder verheven doen?' 'We blíjven in cirkeltjes draaien, ik heb er onderhand genoeg van!' 'Je hoort niet wat ik je zeg, je luistert niet eens!' 'Houd toch eens op te zeggen dat je niet begrijpt wat ik je probeer te vertellen!' 'Jij moet ook altijd de baas spelen! Mag niemand jóu eens vertellen wat je moet doen?'

In alle hevigheid losgebarsten conflict	Als de ander jouw interpretatie van de situatie wil begrijpen en accepteren, zal dat tot wederzijds begrip leiden. De ander houdt zich opzettelijk van de domme als hij jouw gedachtengang niet kan volgen. Je verlaagt jezelf als je je zelfbeheersing verliest, daarom zet je alles op alles om je te beheersen. Je probeert zo lang als menselijkerwijs mogelijk is vriendelijk en beleefd te blijven, maar de ander doet soms zó stom dat je wel kwaad móet worden. Als je je woede niet langer in toom kunt houden, móet je wel fel reageren. Als de ander je waardigheid aantast door je tot ongecontroleerde felheid te dwingen, heb je het recht hem dat kwalijk te nemen. Het probleem moet hier en nu worden opgelost, anders zullen de gevolgen nog pijnlijker zijn. Je raakt gedeprimeerd van de stress van een langdurige ruzie en de kennelijke onmogelijkheid om tot een oplossing te komen.	'Waarom ben ìk altijd dom als jij het niet met me eens bent?' 'Je bent vreselijk dominant!' 'Waarom sta jij nooit open voor suggesties of ideeën van een ander?' 'Je beseft niet eens wat je hebt gedaan en hoeveel ellende je ons hebt bezorgd, is het wel?' 'Doe toch niet zo gekunsteld. Telkens als we hierover kibbelen, steek je hetzelfde verhaal af!' 'Ik heb geen idee waar je het over hebt, het is klinkklare onzin!' 'Praat niet zo neerbuigend! Denk maar niet dat je slimmer bent dan ik, hoor!' 'Je vervalt altijd in uitersten. Waarom kun je nooit eens gewoon reageren?' 'Je hebt het altijd over je toekomst, houd daar toch eens over op!' 'Je bent altijd terneergeslagen als we problemen hebben, ik kan je niet blíjven oppeppen!' 'Je zegt me altijd wat ik moet doen, waarom kan dat nooit eens andersom?'
	En als elitair type: Raak je in jezelf gekeerd en sluit je je af. Raak je gedeprimeerd omdat de ander niet in staat lijkt jouw verdriet te voelen. Word je woedend als de ander niet eens probéért met je gedeprimeerdheid rekening te houden.	En dan krijg je te horen: 'Kan dan niets dat geweldige ego van jou doorprikken?' 'In jouw leven is alleen maar ruimte voor jezelf!' 'Je bent altijd zo gedeprimeerd, ik word er ziek van je steeds te moeten oppeppen en altijd voor jóuw problemen begrip te moeten opbrengen.'

4

Begrijpen wat een ander bedoelt

De signalen die onze ware bedoelingen duidelijk maken

Wat mensen ècht bedoelen, ongeacht wat ze feitelijk zeggen, is af te leiden uit de manier waarop ze zowel fysiek als verbaal handelen en reageren. Ondanks de fundamentele verschillen tussen de vier persoonlijkheidstypen gebruiken ze allemaal dezelfde signalen die de ware bedoelingen van hun woorden en daden duidelijk maken. Deze waarneembare verbale en non-verbale signalen komen bij iedereen op dezelfde manier in zijn gedrag tot uiting.

Leren hoe je iemands ware bedoelingen uit deze signalen kunt afleiden, is de laatste stap van de eerste fase van de techniek van begrijpen, reageren en responderen.

Van jongs af aan zendt iedereen deze signalen luid en duidelijk uit, maar we hebben er nooit veel aandacht aan geschonken.

Als we bijvoorbeeld een baby die ons niet kent, willen oppakken en knuffelen, zendt hij niet mis te verstane signalen uit. Hij kruipt in elkaar en balt zijn handjes tot vuistjes, trekt zijn beentjes op en begraaft zijn hoofdje tussen zijn schouders. Hij fronst zijn wenkbrauwen en steekt zijn onderlipje naar buiten. Mogelijk knijpt hij zelfs zijn oogjes dicht en draait zijn hoofdje weg. Als we hem toch oppakken, houdt hij zijn lijfje verkrampt, duwt zich weifelend van ons af en klemt zijn kaken op elkaar. Misschien haalt hij met stijve armpjes zelfs naar ons uit. Als we deze lichaamssignalen niet begrijpen, zendt de baby een zelfs nog duidelijker signaal uit: hij begint te huilen, en niet zo zachtjes ook. Het is alsof hij daarmee wil zeggen: die sukkel heeft de subtiele signalen niet begrepen. Nu zal ik hem eens héél duidelijk laten merken dat ik níet wil worden aangeraakt!

De schijn ophouden: ieder speelt zijn rol

De signalen waarmee volwassenen hun ware bedoelingen duidelijk maken, zijn misschien niet zo overduidelijk als die van een baby, maar kunnen net zo gemakkelijk worden begrepen, al vergt dat wel iets meer opmerkzaamheid.

Het verschil tussen signalen van volwassenen en die van baby's is dat laatstgenoemden niets proberen te verhullen. Ze drukken precies uit wat ze denken en voelen, op het moment waarop ze het denken en voelen, terwijl volwassenen zich door de conventies en zeden van de maatschappij en de cultuur waarin ze leven, gedwongen voelen hun ware gedachten en gevoelens voor zich te houden.

We willen huilen, maar 'dat is niet mannelijk'; we willen agressief reageren, maar 'dat is niet vrouwelijk'; we willen gillen en schreeuwen van frustratie, maar dat is 'hysterisch'.

Als een baby opgroeit, leert hij zich net als wij te 'gedragen'. We leren onze ware gevoelens voor ons te houden. We huilen niet in het openbaar, maar nemen de rol aan van het 'sterke zwijgzame type'. We worden niet agressief, maar nemen de 'passieve vrouwelijke' rol aan. We gillen het niet uit van frustratie, maar spelen de lijdzame martelaar.

Met al onze volwassen pogingen erbij te horen en instemming, goedkeuring en liefde te ontvangen, spelen we steeds een rol, hoe slecht die ook op onze ware persoonlijkheid is afgestemd. Als een acteur die de verkeerde rol heeft gekregen, voelen we ons voortdurend slecht op ons gemak, onhandig en onzeker. Zelden of nooit spelen we mee in een volmaakte, overtuigende voorstelling.

Zo zal een van nature confrontatieschuwend gevoelstype dat noodgedwongen een dominerende rol op zich neemt, zijn tekst misschien wel goed kennen, maar toch altijd een zekere weifelachtigheid uitstralen. Zijn lichaamstaal verraadt dat hij niet werkelijk agressief of overheersend is. Een gesloten, systematisch georiënteerd analytisch type dat in een verzorgende rol wordt gedwongen, weet misschien op het juiste moment de juiste woorden te zeggen, maar zijn gezichtsuitdrukking is daarbij heel star en zijn lichaamstaal verraadt afstandelijkheid en gebrek aan hartelijkheid.

Hoewel we kunnen leven met het feit dat we een rol spelen om de tekortkomingen van onze specifieke persoonlijkheid in de buitenwereld (op kantoor of in aanwezigheid van mensen die voor ons niet zo belangrijk zijn) te verhullen, verlangen we er allemaal wanhopig naar 'onszelf' te kunnen zijn bij ten minste één persoon die ons neemt zoals we zijn, één persoon die het kwetsbare in ons dat we niet in alle openheid kunnen tonen, begrijpt en koestert. In ruil daarvoor zijn ook wij bereid het diep verborgen 'zelf' van die persoon onvoorwaardelijk te accepteren. Toch zijn we meestal niet bij machte door de façade heen te breken die we om ons hebben opgetrokken om ons kwetsbare, innerlijke 'zelf' te beschermen.

Dat komt doordat we ons, zelfs in aanwezigheid van iemand die we vertrouwen, door de levenslange training en bijna 'uit macht der gewoonte' moeilijk openlijk kunnen uitdrukken en ons nog steeds geremd voelen en gestuurd in wat we zeggen en doen. Omdat we geen manier weten om door dit geforceerde laagje van ons eigen en andermans gedrag heen te kijken, gaan we steeds alleen af op de boodschappen en de beelden die dat gedrag uitdraagt. Hardnekkig gebruiken we dit kunstmatige, oppervlakkige gedrag om 'fatsoenlijke' boodschappen achter te laten over wie we zijn en wat we bedoelen, ook al is het voor ons van wezenlijk belang duidelijk te maken wie we wèrkelijk zijn en wat we wèrkelijk bedoelen. Dat doen we omdat we geleerd hebben te geloven dat er geen andere manier is.

Onbewust verraad: waarom we niet kunnen verbergen wie we zijn

Toch is er nog een ander, dieper communicatieniveau, dat duidelijk maakt wie we in werkelijkheid zijn en wat we echt bedoelen, en waarvan we ons vaak niet bewust zijn. Dat is het onderbewuste niveau, dat we niet hebben kunnen leren 'zich te gedragen'. Het is spontaan, ongekunsteld en volkomen eerlijk. Het is dat deel van ons dat nog natuurlijk, 'als een baby', reageert.

Bovendien is het zó krachtig dat het niet kan worden onderdrukt. Dit onderbewuste niveau werkt door in ons oppervlakkige gedrag, in wat we zeggen, hoe we het zeggen en de manier waarop ons lichaam voortdurend reageert. Hoezeer we ook proberen onze ware gedachten en gevoelens verborgen te houden, de onderbewuste signalen die onophoudelijk naar de oppervlakte 'doorsijpelen', kunnen we onmogelijk beheersen.

Of we het nu willen of niet, ze zijn niet te onderdrukken.

'Ik hoop dat je het niet hebt gemerkt.' Signalen uit het onderbewuste

Een simpel maar duidelijk voorbeeld van signalen uit het onderbewuste die tot aan de oppervlakte doorsijpelen en ons bewuste verbale en non-verbale gedrag 'een beentje lichten', doet zich voor wanneer we iets beginnen te zeggen dat we eigenlijk niet willen zeggen.

Zodra tot ons doordringt wat we zeggen en wat de ongewenste gevolgen daarvan kunnen zijn, zenden we onbedoeld het volgende cluster van signalen uit: (1) halverwege een zin stoppen we abrupt; (2) onze hand schiet omhoog voor onze mond (om de woordenstroom tegen te houden); (3) er verschijnt een licht geschrokken uitdrukking op ons gezicht en (4) we controleren snel of onze gesprekspartner iets van onze problemen heeft gemerkt.

Deze waarneembare verbale en non-verbale signalen vanuit het onderbewuste houden geen pas met de boodschap die op het bewuste, oppervlakkige niveau wordt uitgezonden. De afzonderlijke doorgesijpelde signalen vormen een 'cluster' met een onmiskenbare boodschap.

Ook al beseffen we wel eens dat iemand dergelijke signalen uitzendt, en realiseren we ons dat ze een boodschap bevatten, toch hechten we er meestal weinig waarde aan. In plaats daarvan concentreren we ons alleen op wat de ander ons wil laten horen en zien, en in ruil daarvoor hopen we dat hij zich alleen zal concentreren op wat we hem willen laten horen en zien. We wìllen helemaal niet dat hij iets opvangt van de signalen uit ons onderbewuste, die we voortdurend uitzenden en die precies vertellen wat we in werkelijkheid denken – ongeacht wat we zeggen.

'Geloof me, ik vertel de waarheid.' Hoe de waarheid uitlekt

Als we willen weten wat anderen met hun woorden en daden werkelijk bedoelen, dan moeten we juist deze uit het onderbewuste doorkomende signalen leren begrijpen. Deze signalenclusters zijn de taal van het diepste 'zelf' en onthullen precies wat het bedoelt.

Let eens op de volgende signalenclusters van een man die door zijn vrouw van overspel wordt verdacht. Vroeg in de avond belt hij haar op met de mededeling dat hij wéér moet overwerken en om drie uur 's nachts komt hij, zoals het hoort, uitgeput thuis. Toch heeft ze deze keer meer bedenkingen dan anders, en voor het eerst besluit ze hem met haar vermoeden te confronteren.

Terwijl hij haar aanhoort, houdt hij zijn armen voor zijn borst gekruist en gaat met zijn zij naar haar toegekeerd staan. Hij laat haar niet uitpraten. Op haar beschuldiging reageert hij met woede. Met zijn handen op zijn heupen draait hij zich naar haar om. Hij staart haar aan, tuit zijn lippen, kijk haar zonder blikken of blozen recht in de ogen en zegt: 'Dat is belachelijk! Waarom zou iemand in mijn positie met een jongere vrouw aanrommelen? Zo iemand moet wel gek zijn!' Dan krijgt hij zichzelf weer onder controle, wrijft over zijn neus en glimlacht geruststellend. Hij neemt haar in zijn armen en zegt zachtjes: 'Echt, lieveling, zoiets zou ik werkelijk nooit doen.' Hij lacht. 'Maar die gefrustreerde directeur van ons heeft me persoonlijk voor een giganteske spoedklus ingeschakeld. Vanochtend om vijf uur plaatselijke tijd moest mijn verslag op ons kantoor in Rome liggen. Ik heb het nèt gefaxt, twintig minuten geleden.'

En zij gelooft hem.

Ze gelooft hem omdat ze alleen de oppervlakkige betekenis van zijn woorden hoort en alleen op zijn aangeleerde gedrag reageert. Ze gaat niet af op de clusters van signalen uit het onderbewuste die in zijn woorden en gedragspatronen naar buiten komen.

Ze laat zich misleiden door zijn rol van hardwerkende, trouwe echtgenoot en door het feit dat ze hem wìl geloven. Als ze de werkelijke betekenis van zijn woorden en gedrag tijdens dit korte gesprekje had begrepen, dan had ze ten minste zeventien verbale en dertien lichaamssignalen opgevangen die volkomen in strijd waren met het verhaal dat hij probeert te verkopen en de rol die hij probeert te spelen.

Alleen al de signalen van zijn lichaamstaal, nog voordat hij een woord heeft gezegd, hadden haar moeten wijzen op de kloof tussen wat hij zegt en wat hij bedoelt. Wanneer ze hem bijvoorbeeld met haar verdenkingen confronteert, slaat hij zijn armen over elkaar, waarmee hij aangeeft dat hij zich voor haar afsluit. Hij staat niet 'open' voor haar zorgen, maar wil zich tegen haar aanval beschermen en verdedigen. Door zijn lichaam van haar af te draaien, geeft hij onbewust aan het onderwerp te willen omzeilen. Hij hoopt dat het langs hem afglijdt. Dan al neemt hij zich voor het probleem niet frontaal aan te pakken.

Aangekomen op het punt in zijn verhaal waarop hij besluit dat hij haar moet overtuigen en met zijn woede van de wijs moet brengen, verplaatst hij zijn handen naar zijn heupen, waarbij zijn vingers naar zijn geslachtsdelen wijzen. Dit is een agressieve mannelijke houding, waarmee hij instinctief probeert haar te domineren.

Deze grove lichaamsbewegingen zijn duidelijk waarneembaar. Ze zijn even duidelijk als de fysieke reacties van een baby die niet door een vreemde wil worden opgepakt. Of de man het nu beseft of niet, de ware boodschap komt luid en duidelijk uit het onderbewuste door.

Tijdens deze woordenwisseling zijn zelfs nog subtielere fysieke veranderingen en gebaren waar te nemen. Als de man de beschuldiging aanhoort, veroorzaakt zijn angst om betrapt te worden een fysieke reactie waardoor zijn huid van kleur verandert. Zijn gezicht kleurt aan de zijkanten lichtrood en de huid van zijn nek vertoont rode vlekken.

Waarschijnlijk hechtte zijn vrouw geen waarde aan het feit dat hij op het moment dat hij probeert rustiger te worden en een andere benadering probeert toe te passen over zijn neus wrijft. Toch had ze dat wèl moeten doen. Bij grote spanning raakt het erectiele weefsel van de neusholten met bloed gevuld, waardoor de neus uiterst gevoelig wordt. Het 'Pinocchiosyndroom', het wrijven over of trekken aan de neus om spanning te verdrijven, wijst wanneer het deel uitmaakt van een signalencluster stellig op een leugen.

De weinige lichaamssignalen in dit scenario zijn al een voorbeeld van de manier waarop fysiek gedrag treffend kan illustreren wat iemand – ongeacht zijn woorden – werkelijk denkt en voelt.

Er zijn nog meer signalen met een verborgen betekenis.

Elke beweging, elk gebaar en elke uitdrukking, bewust of onbewust, heeft een reden. Vooral bij spanning moet het lichaam energie kwijt door beweging, en die bewegingen verraden onbewust wat er werkelijk in de persoon omgaat, ongeacht de rol die hij speelt.

Soms zijn de betekenissen van deze non-verbale signalen overduidelijk, andere keren zijn ze dubbelzinnig, verbijsterend of zelfs totaal onbegrijpelijk. Hoewel één kennelijk onschuldig signaal op zich niets hoeft te betekenen, vormt een cluster van verschillende signalen die gelijktijdig worden uitgezonden een zeker patroon met een duidelijke boodschap.

In de bijlage (blz. 197) is een lijst opgenomen met lichaamssignalen en hun betekenis.

Het 'Pinocchio-syndroom'

Pinocchio's neus verraadde hem wanneer hij loog.

Onze neus verraadt ons wanneer wíj liegen. Het is natuurlijk niet zo dat, net als bij Pinocchio, onze neus bij elke leugen groeit, maar wèl dat hij bij elke leugen kriebelt. Onbewust wrijven we over onze neus of trekken eraan om dat gekriebel tegen te gaan.

Dit irritante gekriebel ontstaat wanneer het erectiele weefsel rond de neusholten zich als gevolg van emotionele of mentale spanning met bloed vult.

Aangezien slechts weinig mensen kunnen liegen zonder daarbij enige spanning te voelen (uit angst te worden betrapt, door schuldgevoel over datgene waarover we liegen of gewoon uit ongerustheid over de ongeloofwaardigheid van het verhaal dat we ophangen), begint onze neus spontaan te jeuken. Om dat gevoel te verdrijven, wrijven we tijdens het praten over onze neus of drukken we zelfs de neusholten dicht.

Dus als we het over liegen hebben, heeft de schepper van Pinocchio het bij het rechte eind: de neus kan het weten.

Verbale signalen: hoe het onderbewuste doorkomt in onze woorden

De boodschap wordt zelfs nog duidelijker als de non-verbale lichaamssignalen clusters vormen met de verbale signalen. Verbale en non-verbale signalen werken samen. Ze vullen elkaar aan en versterken elkaar. De gecombineerde signalen uit het onderbewuste die doorkomen in wàt iemand zegt, hóe hij of zij dat zegt en de manier waarop zijn of haar lichaam reageert, vormen een veelheid van clusters van verbale en non-verbale taal, die de ware boodschap met onbewuste welsprekendheid naar voren brengt.

Ook al denken we volledig controle te hebben over wat we zeggen – en het is nu eenmaal een feit dat we op de eerste plaats met onze woorden de door ons gekozen rol spelen – de ware betekenis van wat we bedoelen komt toch vanuit ons onderbewuste doorgesijpeld.

De Freudiaanse verspreking is wel het duidelijkst, zoals de onbedoelde verwijzing van de overspelige echtgenoot naar 'een jongere vrouw', terwijl zijn vrouw de leeftijd van een mogelijke minnares niet eens ter sprake had gebracht. Als de echtgenoot alles wat hij zei onder controle had gehad, dan had hij die zinspeling nooit gebruikt.

De zinswendingen en uitdrukkingen die hij gebruikt, brengen meer subtiele maar toch duidelijke versprekingen aan het licht. Zo gebruikt hij de uitdrukking 'aanrommelen met iemand'. Hij beschouwt zichzelf niet als iemand die zoiets laags doet als 'overspel plegen' en daarom vergoelijkt hij zijn ontrouw door zich voor te houden dat hij 'met iemand aanrommelt'. Ook de woorden 'zoiets zou ik werkelijk nooit doen' zijn onthullend; iets als 'aanrommelen met iemand' is toch nog altijd 'aanrommelen met iemand', dus in feite 'overspel plegen'.

Minder opvallende maar toch even veelzeggende signalen uit het onderbewuste kunnen in de woordkeuze worden gevonden. Misschien heeft de echtgenote nauwelijks stilgestaan bij het gebruik van het woord 'gigantesk' door haar man. Wanneer mensen echter onder spanning staan, zijn ze geneigd uit een ander vocabulaire dan normaal te putten, en gebruiken (en misbruiken) ze vaak esoterische woorden die naar hun idee hun verhaal geloofwaardigheid verlenen.

Het gebruik door de echtgenoot van het woord 'gefrustreerde' om zijn directeur te beschrijven, is een voorbeeld van een onderbewust signaal dat verwijst naar zijn éigen gemoedstoestand. De frustratie betreft waarschijnlijk niet de relatie tussen de man en zijn directeur, maar die tussen de man en zijn echtgenote. In plaats van het woord 'gefrustreerd' openlijk te gebruiken om zijn eigen gedrag te verklaren – dat hij hoe dan ook wil ontkennen – verplaatst zijn onderbewuste het naar een minder confronterende context.

Iemand kan natuurlijk ook een regelrechte leugen vertellen. Het verhaal van de man dat het verslag om vijf uur in de ochtend, plaatselijke tijd, in Rome moet zijn, is natuurlijk onzin als je beseft dat de tijdzone in Italië minstens zes uur voorloopt op de Amerikaanse *Eastern Standard Time*. Hij had het verslag dus uiterlijk om elf uur 's avonds moeten faxen, niet twintig minuten voordat hij om drie uur 's nachts naar huis ging.

Als je wàt er wordt gezegd bovendien nog combineert met hóe het wordt gezegd, valt de ware boodschap zelfs nog gemakkelijker af te leiden.

Vaak breekt een spreker halverwege zijn zin af, omdat hij beseft dat hij geen volledige controle heeft over wat hij zegt. Ook komt het voor dat hij onbewust een uitsteltactiek hanteert en na enkele 'eh's' vol vertrouwen de zin afrondt op een manier die, naar hij hoopt, acceptabel is.

Het kan zelfs nog subtieler. Er is een gelijkenis tussen een overspelige man met weinig ervaring die, voordat hij met een alibi komt, zijn keel schraapt, en een spreker die kucht of zijn keel schraapt als hij op het punt staat het podium te betreden. Hij wil dat zijn bedoeling luid en duidelijk overkomt: hij heeft zijn gedachten verzameld, hij weet wat voor image hij uit wil stralen en hij is vastbesloten het publiek te overtuigen. 'Uch, uch... Ik ben er klaar voor, hier kom ik!'

De manier waarop iets gezegd wordt, wordt ook sterk beïnvloed door veranderingen in volume, snelheid, toonhoogte en klank van de stem. Via deze uitlaatkleppen ontsnapt evenveel informatie uit het onderbewuste als via de eerder vermelde. Meestal pas als het te laat is, beseffen we dat we zachter of langzamer, of zelfs harder of sneller zijn gaan praten dan normaal. Vaak zijn we ons er niet van bewust dat de toonhoogte van onze stem verandert onder invloed van wat we werkelijk denken en voelen.

In de bijlage (blz. 197) is een lijst opgenomen met verbale signalen en hun betekenis.

Leugens opsporen: clusters van verbale en fysieke signalen

Deze voorbeelden van het opsporen van leugens, die duidelijk maken wat iemand in stilte denkt, ook al probeert hij op een oppervlakkig niveau iets anders over te brengen, geven aan wat voor soort verbale signalen en clusters opgevangen en geïnterpreteerd moeten worden.

Wanneer verbale signalen met non-verbale signalen tot clusters worden samengevoegd, komt de boodschap vanuit het onderbewuste op ondubbelzinnige wijze aan het licht.

Het scenario van de ontrouwe echtgenoot, die heel bewust bedrog pleegt, illustreert dat zelfs wanneer iemand precies het tegenovergestelde zegt van wat hij werkelijk denkt of bedoelt, de ware boodschap op niet mis te verstane wijze uit het onderbewuste naar boven komt. Als het verschil tussen iemands woorden en daden minder groot is, kunnen de waarneembare signalen evengoed worden opgevangen. Niemand van ons kan het opduiken van deze signalen in zijn bewuste gedrag tegengaan. We zenden ze hoe dan ook uit op elk moment van ons leven dat we wakker zijn.

Het onprettige gevoel dat iets je ontgaat; waarom het van belang is de ware boodschap te begrijpen

Al deze illustraties van verbaal en fysiek gedrag komen ons vertrouwd voor. We zien en horen ze voortdurend. Hoewel er momenten zijn waarop we het belang van deze signalen uit het onderbewuste inzien en erop reageren, zijn er ook momenten waarop we het verschijnsel heel anders ervaren. We krijgen dan het onprettige gevoel dat ons iets ontgaat, maar weten niet precies wàt. Het overkomt ons regelmatig dat we, als we met iemand praten of alleen maar bij hem zijn, het gevoel krijgen dat er onder het oppervlak iets gaande is. We kunnen er de vinger niet op leggen, maar beseffen dat het belangrijk, mogelijk zelfs essentieel is voor onze relatie met die persoon. Omdat we echter niet weten wat het precies is, weten we niet hoe we erop moeten reageren.

Doordat we vrijwel geen oog hebben voor die uiterst belangrijke informatie die het onderbewuste zo overtuigend probeert over te brengen, is het niet vreemd dat we niet in staat lijken door elkaars façade heen te breken om het begrip tot stand te brengen waar we zo naar verlangen. Toch zijn alle signalen die vanachter die façade worden verstuurd duidelijk waarneembaar voor iedereen die ervoor openstaat.

We hebben zo lang aangenomen dat het enige communicatieniveau het oppervlakkige niveau van onze bewuste woorden en daden is, dat we blind en doof zijn geworden voor de overvloedige rijkdom aan onbedoelde informatie die welig om ons heen tiert.

Om deze informatie op te vangen en te begrijpen, hoef je je alleen maar bewust te zijn van wat er in werkelijkheid gebeurt: kijk en zíe, luister en hóór.

Regels voor het begrijpen van gedragssignalen

Observeer en concentreer je.
Kijk en zíe.
Luister en hóór.
Ga niet af op het imago dat iemand uitstraalt.
Identificeer zijn persoonlijkheidstype.
Stel zijn normale fysieke en verbale gedragspatronen vast en let op afwijkingen van die norm.
Wees alert op het doorsijpelen van signalen uit het onderbewuste tot in het bewuste gedrag.
Besef dat verbale en non-verbale signalen samenwerken.
Onthoud dat één signaal op zich niets betekent. Je kunt alleen conclusies trekken als signalen clusters vormen.

DEEL TWEE

Begrijpen en reageren

5

Acceptatie en afwijzing

Waarom kibbelen we toch altijd over hetzelfde? De aard van conflicten

Bij het menselijk gedrag staat het tweeledige begrip 'acceptatie en afwijzing' centraal wat ons persoonlijkheidstype ook is.

Eenvoudig gesteld: we vinden het fijn geaccepteerd te worden. Het brengt ons in een goede stemming en leidt tot positieve gedachten en gevoelens. We staan welwillend tegenover iemand die ons accepteert en reageren prettig op hem.

Als iemand ons daarentegen afwijst, vooral als die iemand belangrijk voor ons is, ervaren we allerlei negatieve gedachten en gevoelens, raken we ontstemd en reageren we onprettig op hem.

In al onze relaties – met ouders, kinderen, geliefden, echtgenoten of vrienden – doet of zegt één van de betrokkenen altijd wel eens iets wat de ander irriteert. Deze maakt vervolgens bezwaar, en de ander neemt daar aanstoot aan. Ze voelen zich beiden afgewezen en beginnen te kibbelen.

Afhankelijk van onze respectievelijke persoonlijkheidstypen vervallen we in een telkens terugkerend conflictpatroon.

In de tweede fase van de techniek van begrijpen, reageren en responderen verklaren we hoe en waarom dit gebeurt, en doen we een methode aan de hand om het in de toekomst niet meer te laten gebeuren.

Elkaar gek maken: wederzijdse afwijzing

Als het aan beide kanten goed gaat – als er sprake is van wederzijdse acceptatie, vooral met betrekking tot onze persoonlijkheidsverschillen – zijn we geneigd elkaars slechte eigenschappen door de vingers te zien omdat de goede eigenschappen ons zo aanspreken.

Zo lijkt het feit dat hij (jouw gevoelstype) altijd bepaalt waar jullie uit eten gaan onbelangrijk, als je beseft dat hij een gelegenheid kiest waar vooral jíj graag naartoe gaat. Het feit dat zij (jouw gedreven type) je beste vrienden afsnauwt telkens als ze het niet met je eens zijn, lijkt onbelangrijk als je weet dat jij in haar ogen altijd gelijk hebt.

Toch zijn er momenten waarop we het steeds moeilijker vinden elkaars slechte kanten door de vingers te zien of met de mantel der liefde te bedekken. Het feit dat hij nóóit eens snel en besluitvaardig reageert, maakt je soms zó kwaad dat je alles van hem begint af te wijzen. Jij raakt zo gefrustreerd doordat zij anderen altijd ongevraagd haar mening opdringt, dat je alles van haar begint af te keuren.

Dan begin je elkaar gek te maken, en als geen van beiden in staat is dat proces te keren, kunnen wederzijdse acceptatie, goedkeuring en liefde omslaan in wederzijdse afwijzing, afkeuring en kwaadheid. En langdurige wederzijdse afwijzing kan veranderen in openlijke vijandigheid en zelfs haat.

Toch voelden deze twee mensen zich misschien op de eerste plaats tot elkaar aangetrokken doordat ze de verschillen in persoonlijkheid, die nu zo afstotend werken, juist accepteerden en zelfs prettig vonden.

Zet een gevoels- en een gedreven type, die zich vaak tot elkaar aangetrokken voelen, bij elkaar en het resultaat kan zó perfect zijn, dat ze voor elkaar gemaakt lijken te zijn. Voeg er dan wat wederzijdse irritatie en spanning aan toe en dit eens zo perfecte paar wordt de wreedste combinatie voor wederzijdse vernietiging.

Het meelevende gevoelstype, dat wanneer het wordt bemind en geaccepteerd de hartelijkste, zorgzaamste en vriendelijkste persoon is die er bestaat, kan wanneer het voortdurend wordt afgewezen, uiteindelijk de koelste, afstandelijkste, koppigste en meest egoïstische persoon worden die je je maar kunt indenken. Het vlotte gedreven type, dat wanneer het wordt geaccepteerd beschermend, levendig en uiterst teder kan zijn, verandert bij voortdurende afwijzing in de strijdlustigste, meest harteloze tiran die ooit voet op aarde heeft gezet.

Het verdrietigste van dit alles is dat, wanneer dit steeds feller wordende afwijzingsproces eenmaal is begonnen, deze twee mensen het gevoel krijgen dat ze onvermijdelijk afstevenen op een breuk of, in het geval van een huwelijk, een scheiding met alle bijkomende gevoelens van bittere spijt.

Als we maar niet willen toegeven: steeds fellere afwijzing

We kunnen deze ontwikkeling in de richting van een complete mislukking van een relatie eenvoudigweg een halt toeroepen door te begrijpen wat er gebeurt en in te zien hoe het verholpen kan worden. Op de steeds fellere afwijzing kan zodanig worden gereageerd, dat ze kan worden stopgezet en omgebogen kan worden tot acceptatie, lang voordat het punt van wederzijdse vernietiging is bereikt.

Om dit proces van toenemende afwijzing een halt toe te roepen, moeten we weten wat we in ons onderbewuste doen als we ons afgewezen voelen.

Omdat we de negatieve gedachten en emoties die in ons opkomen als iemand ons afwijst niet prettig vinden, willen we opnieuw aardig worden gevonden. De eenvoudigste manier om dat te bereiken, is toe te geven aan degene die ons afwijst of te bewerkstelligen dat hij aan ons toegeeft.

Als iemand ons afwijst vanwege iets relatief onbelangrijks (zoals de keuze van een film of restaurant) zullen de meesten voor de eerste mogelijkheid kiezen en toegeven – 'Oké, ik vind het prima' – om zo een meningsverschil uit de weg te gaan en omdat wat zij wilden toch niet zo belangrijk was.

De afwijzing is in de kiem gesmoord en kreeg niet de kans in intensiteit toe te nemen.

Er zijn echter momenten waarop het er wèl toe doet wat we willen en we weigeren toe te geven. Bovendien willen we niet dat de ander toegeeft omdat het voor hem niet zo belangrijk is; we willen dat hij toegeeft omdat we gelijk hebben!

Jammer genoeg voelt 'de ander' het net zo. Hoe feller we hem afwijzen, des te feller wijst hij ons af.

Dus maken we ruzie. We wringen ons in allerlei emotionele bochten om de ander van ons gezichtspunt te overtuigen, terwijl we tegelijkertijd de aanval proberen af te slaan van iemand die ons van het zíjne wil overtuigen.

Tactische zelfbescherming en manipulatie: de vier afwijzingsstemmingen

In de strijd om de ander onze visie te doen begrijpen en accepteren, passen we de beproefde overtuigingsmethoden toe die zich in het verleden aan ons hebben bewezen. Hierbij gaan we door aan aantal welomschreven stadia, 'stemmingen' genoemd.

Deze vier afwijzingsstemmingen staan bekend als: ontkenning, woede, depressie en marchanderen.

Vaak gaan we zo snel door deze stadia heen, dat we het niet eens beseffen. Zelfs als we ons er wèl van bewust zijn, beseffen we niet ten volle hoezeer ze ons beïnvloeden.

Of we ons er nu wel of niet bewust van zijn, deze stemmingen zijn het mechanisme van het onderbewuste dat bij een afwijzing onze gedachten en emoties regelt, en tegelijkertijd probeert de ander ertoe te bewegen ons standpunt over te nemen.

Elk van deze stemmingen heeft haar eigen specifieke tactieken om ons en ons standpunt te beschermen en tegelijkertijd onze tegenstander te dwingen zich over te geven en onze voorwaarden te accepteren. In het geharrewar van een conflict kiezen we onbewust van de tactieken van elke stemming er een die ons de meeste macht over onze tegenstander geeft.

Als we met een afwijzing worden geconfronteerd, gaan we allemaal door een of meer van deze vier stemmingen, ongeacht de oorzaak van het conflict, de in ons opkomende negatieve gedachten en gevoelens en ons persoonlijkheidstype.

Afhankelijk van ons persoonlijkheidstype passen we dit beperkte aantal stemmingen met meer of minder vaardigheid, in verschillende gradaties van hevigheid en in verschillende volgorden toe.

Een voorbeeld: de stemmingen bij jaloezie
Laten we eens een van de gecompliceerde afwijzingsreacties nader bekijken: het gevoel van jaloezie dat ontstaat wanneer we menen dat we ten gunste van iemand anders opzij worden geschoven.

Bonny, een vierentwintigjarige computerprogrammeur uit Florida, werd geconfronteerd met gevoelens van angst, afgunst, verontwaardiging, haat, frustratie, afwijzing en zelfmedelijden, toen ze ontdekte dat haar vriend computerles kreeg van haar beste vriendin.

Bonny wist dat haar vriend Len meer van computers wilde weten en bood aan hem les te geven. Om een reden die ze niet begreep, sloeg hij haar aanbod af. Ze ging er verder niet op in. Toen ontdekte ze dat haar beste vriendin hem les gaf.

Ze was diep gekwetst en werd overmand door gevoelens van jaloezie.

Aanvankelijk, in de ontkenningsfase, probeerde ze de hele kwestie uit haar hoofd te zetten. Ze zei niet eens tegen Len dat ze had gehoord dat hij les kreeg van haar vriendin; ze deed alsof er niets was gebeurd en dwong zichzelf 'gewoon' te doen tegenover hem en haar beste vriendin.

Er kwam echter een moment waarop ze haar emoties niet langer voor zich kon houden en kwaad uitviel. Dit gebeurde in de woedefase. Ze confronteerde Len met de feiten, gooide hem voor de voeten dat hij zich tot haar vriendin aangetrokken voelde en beschuldigde hem van achterbaksheid. Tegen haar vriendin viel ze uit dat ze haar vriend van haar afpikte, en in haar kwaadheid reageerde ze zich op alles en iedereen af.

Len was overdonderd, en omdat hij nog niet eens de kans kreeg uit te leggen waarom hij haar vriendin had gevraagd in plaats van haar, liep hij de kamer uit.

Bonny, die alleen achterbleef, richtte vervolgens haar kwaadheid tegen zichzelf en kwam in de depressiefase. Haar frustratie over haar onvermogen om met de situatie om te gaan, vervulde haar met gevoelens van zelfmedelijden.

Toen ze zichzelf uiteindelijk weer in de hand had en besefte dat ze met wat ze tegen Len had gezegd mogelijk iets onherstelbaars had aangericht, besloot ze te proberen zijn afwijzing om te zetten in acceptatie. In de fase van marchanderen onderzocht ze de mogelijkheid een 'dealtje' te sluiten. Ze overwoog haar excuses aan te bieden en te beloven hem nooit meer van zoiets te beschuldigen. Ze dacht er zelfs over een cadeautje voor hem te kopen om zijn stemming te verzachten. Toen besloot ze hem voor een romantisch avondje uit te nodigen, zodat ze al haar seksuele overtuigingskracht in de strijd kon gooien om hem voor zich terug te winnen en zich naar behoren te verontschuldigen.

Het liep echter niet helemaal zoals ze had gepland, want Len worstelde zelf met zijn stemmingen en zat nog vast in zijn eigen woedefase.

Net zoals Bonny in de vier stemmingen met haar gedachten en gevoelens van jaloezie moest omgaan, gaat ieder van ons bij èlke vorm van afwijzing onbewust door de stadia van woede, depressie, ontkenning en marchanderen.

Van de onbelangrijkste afwijzing (een vriend of vriendin die je filmkeuze niet op prijs stelt) tot de frustrerendste (je echtgenoot die een hekel heeft aan je beste vriendin) tot de verpletterendste (het besluit een punt te zetten achter een vierentwintig jaar durende relatie) tot de laatste (het stervensproces) gaat ieder van ons in een poging het verdriet het hoofd te bieden door een of meer van deze stemmingen.

Als we weigeren iets te accepteren, reageren we afwijzend en vinden onze emotionele en rationele daden en reacties hun oorsprong in een van deze vier stemmingen.

Afhankelijk van de intensiteit en duur van de afwijzing doen we in elke stemming een beroep op enkele of alle tactieken voor zelfbescherming en manipulatie, en doorlopen we in onze strijd onbewust alle stadia om tot acceptatie te komen.

'Als je het nu eens op mijn manier bekijkt...' Pogingen om aansluiting te vinden

Ook al wijzen we een bepaald aspect van de persoon met wie we in conflict zijn af, ons verlangen om te worden geaccepteerd is ironisch genoeg zó sterk, dat we toch (net als Bonny) al deze stemmingen gebruiken om ons met die persoon te verbinden.

Als het gevoel om door anderen te worden geaccepteerd voor ons niet zo belangrijk zou zijn, zouden we niet de moeite nemen om ons door die stemmingen heen te vechten. Het zou ons onverschillig laten wat ze van ons dachten. In plaats daarvan banen we ons een weg door de emotionele en geestelijke onrust die deze stemmingen teweegbrengen om zo hun goedkeuring te verkrijgen. In feite zeggen we: 'Als je het nu eens op mijn manier bekijkt, zul je zien dat ik helemaal niet zo beroerd ben. Dan hoef je me niet meer af te wijzen en kun je weer van me houden!'

Toch lijken we niet in staat dit rechtstreeks tegen elkaar te zeggen.

We laten het alleen maar vaag doorschemeren en omwikkelen ons verlangen naar begrip met zoveel breedsprakigheid, dat het zelden luid en duidelijk overkomt.

De verborgen betekenis van onze woorden: ons thema

Als we echter weten hoe we moeten luisteren, vinden we de boodschap altijd in het thema terug.

De precieze bedoeling van wat we proberen te zeggen, wat we de andere persoon willen laten accepteren, is altijd vervat in dit thema.

Ons thema is niet alleen de mening of gedachtengang die we uitspreken, maar ook het geïmpliceerde, onuitgesproken verlangen naar acceptatie van onze waarde als menselijk wezen, dat we via die mening proberen over te brengen. En dat onuitgesproken verlangen naar erkenning van onze waarde is veruit het belangrijkste deel van ons thema.

Denk eens aan twee mensen die kibbelen over wat ze die avond gaan doen. De een wil naar buiten en zegt: 'Maar we zijn al zo lang niet buiten geweest en je wéét hoe graag ik een avondwandelingetje maak!'

De ander zegt: 'Ik heb er vanavond gewoon niet zo'n zin in, zie je dan niet dat ik òp ben?'

De respectievelijke thema's zijn: 'Ik wil naar buiten' en 'Ik wil niet naar buiten', plùs het onuitgesproken verlangen achter deze tegengestelde houdingen: alsjeblieft, laat me zien dat ik voor jou van belang ben. Waardeer wie ik ben en begrijp hoe belangrijk het voor me is dat je aan me denkt.

Ons thema is ons wezenlijke doel. Omdat het voor ons zo belangrijk is dat de ander dit thema begrijpt en accepteert, blijven we kibbelen en weigeren we op of toe te geven.

Dit thema is naar ons idee onlosmakelijk verbonden met wie en wat we zijn, met onze waarde als menselijk wezen. Wanneer dit thema is geaccepteerd, voelen we onszelf geaccepteerd en bevestigd in wie en wat we zijn. We denken dat de persoon met wie we zo'n wanhopig gevecht leveren pas echt van ons houdt, als hij dit thema begrijpt en accepteert.

Wat ons thema ook moge zijn, in een gesprek of woordenwisseling herhalen we het àltijd. Misschien brengen we het niet steeds met dezelfde woorden ter sprake, maar in een of andere vorm komt het telkens weer naar boven tot het wordt geaccepteerd.

'Luister nou eens.' Stemmingen gebruiken om je thema duidelijk te maken

Met elke stemming kunnen we ons thema op een andere manier herhalen: in de woedefase eisen we dat aan ons thema gehoor wordt gegeven; in de depressiestemming smeken we erom; in de marchandeerstemming proberen we de ander te bepraten.

In onze pogingen om aansluiting en begrip voor onze ware bedoelingen af te dwingen, proberen we de ander met manipulatie tot acceptatie te brengen. Elke stemming biedt ons een nieuwe verzameling tactieken om de situatie onder controle te houden en het conflict in ons voordeel te beslechten.

We gebruiken woede om de andere persoon te domineren en richting te geven aan het conflict dat we bewust oproepen. Met macht proberen we acceptatie van ons thema te bewerkstelligen. We zijn niet in de stemming om de zaak van de andere kant te bekijken en willen alleen onze gedachten en gevoelens zo overweldigend en agressief mogelijk uiten. Onze woede is gebaseerd op wrijving en wordt gevoed door weerstand. Weerstand rechtvaardigt onze almaar fellere woede, zodat we een steeds extremere en dominantere houding kunnen aannemen.

In de depressiestemming richten we de woede naar binnen en laten we ons door haar leiden. We hebben medelijden met onszelf, en hoe harder we onszelf aanvallen, hoe verdrietiger we worden. Openlijk tonen we onze depressie in de hoop dat de ander medelijden krijgt en ons thema zal accepteren. We smeken hem ons verdriet te sussen en de redenen van dat verdriet te begrijpen en te accepteren.

Met marchanderen proberen we door manipulatie de ander tot acceptatie van ons thema te bewegen. Om iets voor onszelf te krijgen, doen we alsof we het standpunt van de ander begrijpen, en we geven een beetje toe om in ruil daarvoor iets groters terug te krijgen. Door hen zogenaamd te accepteren, proberen we hùn acceptatie te bewerkstelligen.

Met ontkenning proberen we het onderwerp te omzeilen. We kunnen de afwijzing niet onder ogen zien en ontkennen onszelf of de ander de waarheid.

In het eerste geval plegen we een vorm van zelfbedrog. Feitelijk houden we onszelf voor de gek door andermans standpunt en zelfs de realiteit van onze eigen situatie te negeren. We vinden de waarheid veel te verontrustend en zolang we maar ontkennen, hoeven we haar niet onder ogen te zien. We weigeren zelfs in te zien dat we het wel eens bij het verkeerde eind kunnen hebben. Wat de ander zegt, willen we pertinent niet accepteren. In feite zeggen we tegen onszelf: dat kan ik niet geloven!

In het tweede geval liegen we gewoon. We weigeren aan anderen toe te geven dat we de waarheid weten. We doen en zeggen dingen – waarvan we weten dat ze niet waar zijn – om de ander te misleiden. Nu houden we hèn voor: dat geloof ik niet.

Bij beide vormen van ontkenning proberen we de ander van ons standpunt te overtuigen door vol te houden dat er iets níet gebeurt.

Terwijl we in deze vier stemmingen verwikkeld zijn, is de persoon bij wie we, ondanks zijn felle afwijzing, aansluiting zoeken, al even paradoxaal en wanhopig bezig ons door middel van dezelfde stemmingen van zíjn gelijk te overtuigen.

Niet in staat elkaar de acceptatie, goedkeuring en waardering te geven waarnaar we allemaal zo wanhopig verlangen, wijzen we elkaar voortdurend af. Zo drijven we de ander, en onszelf, in en uit de chaos van ontkenning, woede, depressie en marchanderen.

'Hallo, ik ben ook belangrijk!' De stemmingen aan het werk

John, vertegenwoordiger bij een groothandelaar in tijdschriften, is voor zijn werk twee van de drie maanden weg van huis. Iedere minuut die hij bij zijn gezin kan doorbrengen, is voor hem kostbaar. Hij piekert zich suf om een einde te maken aan de jaarlijkse, zes weken durende invasie van de familie van zijn vrouw bij hem thuis. Hij voelt zich vreselijk ellendig en weet niet hoe hij het onderwerp nog ter sprake kan brengen zonder dat het gesprek tussen hem en zijn vrouw Lucy uitmondt in een kibbelpartij. Onderstaande woordenwisseling komt dan ook jaarlijks terug.

Lees eerst de linkerkolom om de essentie te begrijpen. Lees daarna elke alinea afzonderlijk, van links naar rechts, zodat je kunt zien hoe ieder van hen onbewust de tactieken van de verschillende stemmingen toepast om de ander tot acceptatie van zijn thema te bewegen.

John:

'Lieverd, we moeten eens ergens over praten. Dit is nu al het derde achtereenvolgende jaar dat je broer met zijn gezin overkomt om Thanksgiving bij ons te vieren en dan de resterende weken van de vakantie bij ons blijft.'	Hij benadert het probleem met marchanderen; door uiterst beleefd en hoffelijk te zijn, hoopt hij dat ze zijn standpunt accepteert dat een logeerpartij van drie weken te lang is.
'Dat valt me nogal zwaar. Na al dat gereis ben ik moe als ik thuiskom, en dan wil ik uitrusten met alleen mijn gezin om me heen.'	Zijn thema komt in de depressiestemming weer aan de oppervlakte.
'Je weet dat ik hard werk. Je weet dat ik moe ben als ik thuiskom, en dat ik een dag nodig heb om weer een beetje op adem komen.'	Als hij zegt dat hij hard werkt, is hij aan het marchanderen, want hij verwacht dat ze hem in gedachten aanvult met: voor jou en de kinderen. In ruil daarvoor wil hij iets terug. Door telkens zijn vermoeidheid ter sprake te brengen, benadrukt hij zijn standpunt met vage depressiviteit. Hij probeert aansluiting bij haar te vinden en haar tot acceptatie van zijn standpunt te bewegen.

'Ik weet dat je van je broer en zijn gezin houdt, het zijn aardige mensen, maar kunnen ze na een paar dagen niet gewoon naar huis gaan?'	Hij kleedt zijn oplossing in met de onderhandelingstactieken 'vleien' en 'concessies doen'.
'Je bent zo aardig voor ze, werkelijk niets is je te veel. Ik weet dat je van ze houdt, maar...'	Terwijl hij haar met marchanderen probeert te paaien, tracht hij ook zijn thema te herhalen: 'Maar... ben ik niet belangrijker dan je broer? Houd je niet méér van mij dan van hem?'
Lucy:	
'Ik houd van m'n broer! Je moet toch begrijpen dat ik hem mis als hij er niet is, en hij mist mij.'	Vanuit haar ontkennende houding negeert ze zijn thema en aansluitingspogingen. Ze wijst hem en zijn standpunt volledig af.
'Trouwens, jij bent altijd op pad en de kinderen zitten de hele dag op school. Het is hier zó stil. Dan is het toch heerlijk voor me om het gezin van m'n broer drie weken in huis te hebben?'	Eerst komt haar thema in de depressiefase naar boven: 'Je laat mij alleen en eenzaam achter,' daarna in de marchandeer-stemming: 'Verdien ik dan geen gezelschap?'
'Maar als je het er niet mee eens bent, dan moet je zelf maar met hem gaan praten – ìk wil hem niet kwetsen.'	Met een radicale ommekeer gaat ze van ontkenning over op marchanderen. Ze geeft toe dat hij ergens gelijk heeft en biedt een deal aan.
'Nee, doe dat toch maar niet. Je bent zo bot, je zou hem alleen maar beledigen.'	Ze is bang erbij in te schieten en gaat opnieuw tot afwijzing over door de persoonlijkheid van haar man te ontkennen.
John:	
'Daar gaan we weer! Met Thanksgiving zijn ze al drie weken geweest; het is pas begin juni – de drukste periode op mijn werk – en nu komen ze wéér!'	De al eerder geuite afwijzing wordt herhaald met onverhulde woede. (Het gevaar bestaat dat er een vast patroon verschijnt en een vicieuze cirkel ontstaat.)

'Tel ik dan helemáál niet mee?'	Zijn thema – waarom gaat je aandacht het eerst naar je broer uit, hoe zit het met mij? – wordt herhaald in de woede- en de depressiestemming.
'Heb je me laatst niet begrepen? Snap je het dan niet? De boodschap komt echt niet over, is het wel?'	Hij gebruikt woede om zijn frustratie te uiten over het feit dat zijn thema wordt genegeerd.

Lucy:

'Je geeft werkelijk niets om mij of m'n familie!'	Onomwonden herformuleert ze in de woede- en de depressiestemming haar thema.
'Je maakt je alleen maar druk om jezelf en hoe moe je bent door die stomme baan van je.'	Nog steeds in de ontkenningsfase weigert ze het probleem onder ogen te zien en negeert ze zijn depressie over het vorige argument.
'Waarom zeg je je baan niet op en zoek je een baan van negen tot vijf, net als ieder ander?'	In haar woede ageert ze tegen iets dat niet ter zake doet.
'Ik walg van je baan en hoe moe die je maakt!'	In haar woede herhaalt ze indirect haar thema: je hebt dus nooit tijd voor me.

John:

'Oké. Goed. Misschien moet ik dan maar weggaan en iemand zoeken die geen hekel heeft aan mij en m'n baan! Iemand die m'n huis niet volstopt met profiteurs!'	In zijn ontkennende stemming negeert hij haar thema, en in de woedestemming valt hij uit tegen haar, haar familie en de hele situatie. In zijn dreigement komt opnieuw zijn thema naar voren dat hij iemand wil die hem waardeert.

Het tij keren: reageren op de stemming van de ander

We zijn allemaal vertrouwd met het toenemende gevoel van frustratie dat ook dit echtpaar ervaart als ze, zich door de stemmingen heen vechtend, elkaar proberen duidelijk te maken wat ze precies willen.

Toch kan men dit pijnlijk chaotische proces eenvoudig een halt toeroepen door te reageren op het specifieke thema dat in elk van deze stemmingen wordt geuit.

Zodra we merken dat ons emotionele en rationele 'zelf' de aandacht en waardering heeft gekregen die het verdient, en de ander erkent dat we er recht op hebben te reageren zoals we doen, zijn we graag bereid de stemming waarin we ons hebben vastgebeten, los te laten.

Tot rust gekomen zijn we dan eerder genegen net zoveel rekening met onze tegenstander te houden, als hij met ons. We zijn weer een stapje dichter bij wederzijdse acceptatie gekomen.

Zo zijn bijvoorbeeld zelfs twee vreemden die nèt niet met hun auto tegen elkaar aan botsen en maar een halve centimeter van elkaar tot stilstand komen, aan dergelijke stemmingen onderhevig. Als ze allebei in felle woede hun wagen uit stuiven om zich op elkaar te gooien, kan een verwoestende confrontatie het gevolg zijn.

Als een van de automobilisten echter uit zijn auto stapt en uitroept: 'Jeetje, dat was mijn schuld, het spijt me. Is alles goed met u?' dan is de woede van de andere chauffeur onmiddellijk in de kiem gesmoord. De behoefte om de ander eens even goed met zijn vuisten te bewerken, verdwijnt als sneeuw voor de zon. De ander heeft erkend dat zijn gevoelens van kwaadheid gerechtvaardigd waren, waardoor hij bij voorbaat al rustiger is. In plaats van te vloeken en te tieren, zal hij nu hooguit zijn ergernis laten blijken door te mopperen.

Misschien wil hij zelfs nog luisteren naar de verklaring van de andere automobilist, die – wie weet? – niet eens zo dom heeft gehandeld.

Zoals de woede van de automobilist door acceptatie van zijn standpunt tot bedaren werd gebracht, kan die woede ook heviger worden. Bij een afwijzing zal die woede steeds vernietigender vormen aannemen.

Woede is niet de enige stemming waar je goed of fout op kunt reageren. Op elk van de afwijzingsstemmingen kunnen we zodanig reageren, dat acceptatie het gevolg is.

Terugkerende conflictpatronen: de cirkel doorbreken

In de dagelijkse omgang met mensen die geen vreemden voor ons zijn, zwakken we elkaars stemming niet af, maar versterken we haar voortdurend door met onze eigen stemming te reageren en het thema van de ander te negeren.

Afhankelijk van onze persoonlijkheidstypen komen we vast te zitten in steeds terugkerende conflictpatronen en maken we keer op keer dezelfde reacties los. We raken verstrikt in wederzijds vernietigende patronen, die we tot in het oneindige lijken te moeten herhalen.

We zijn niet bij machte de onvermijdelijke stemmingenreeks van ontkenning, woede, depressie en marchanderen te doorbreken en de ander te doen inzien waar het ons om gaat.

Toch is dat mogelijk. Ieder van ons kan dóór de afwijzingsstemmingen heen worden getrokken en tot acceptatie worden gebracht. Het enige wat we willen, is dat die ander ons accepteert en respecteert om wie en wat we zijn, dus ons op waarde weet te schatten. We hoeven er dan ook alleen maar voor te zorgen dat we op het thema reageren dat in elk van zijn stemmingen doorklinkt.

Evenals de woedende automobilist – toen hij eenmaal tot bedaren was gebracht – bereid was ten minste te luisteren naar de verklaring van de ander, is onze tegenstander in een conflict, wanneer zijn stemmingen zijn gesust, zelfs méér dan bereid op onze behoeften in te gaan.

Waar het om gaat, is dat je begrijpt hoe de ander elk van de stemmingen gebruikt om je zijn thema duidelijk te maken, en dat je op elke stemming zodanig reageert dat die persoon langzaam maar zeker tot acceptatie wordt gebracht.

Tot wederzijdse acceptatie komen

Als een navigator die een voor hem belangrijke persoon naar een bestemming voert waar beiden heen willen, moeten we de stemmingssignalen herkennen die ons helpen de beste en veiligste route te vinden om degene van wie we houden, en onszelf, weer terug te brengen in een staat van wederzijdse acceptatie.

De stappen die naar dit doel leiden, zijn:

1. Neutraliseer je eigen stemming.
2. Onderzoek het thema van de ander en de stemmingen waarin hij dat thema heeft verpakt.
3. Reageer in elk van zijn stemmingen op dat thema door die stemming af te zwakken, aan zijn thema tegemoet te komen en de ander tot acceptatie te brengen.
4. Bereik wederzijdse acceptatie door een respons te bewerkstelligen.

Het klinkt misschien nogal manipulerend en berekenend, en dat is het ook. Toch manipuleren we in wezen onszèlf om de behoeften van de ander te begrijpen. Door begrip en erkenning op te brengen voor die behoeften, bewerkstelligen we dat de ander aan ònze behoeften tegemoet komt.

Beslissingen, beslissingen...

We hebben allemaal wel eens in een restaurant onderstaand tafereeltje gadegeslagen.

Een jong stel gaat aan een tafeltje zitten. Ze pakken allebei een menukaart. Hij laat zijn blik over de kaart glijden, ziet al snel wat hij wil en klapt de kaart dicht, klaar om een gesprek te beginnen. Hij is een gedreven type.

Zij bestudeert elk gerecht daarentegen zorgvuldig en slaat de bladzijden heen en terug om alles uitgebreid te bekijken. Ze is een gevoelstype.

Hij begint onrustig te worden, iets waarvan zij zich bewust is. Ze kijkt van de kaart op en maakt aarzelend haar keuze bekend.

Opgelucht pakt hij haar menukaart, klapt haar dicht en begint ergens anders over te praten.

Zij is echter niet helemaal tevreden, luistert maar met een half oor en blijft naar de dichtgeslagen menukaart op de tafel kijken. Ze voelt zich steeds ongelukkiger met haar haastige beslissing.

Hij ergert zich aan haar, wat haar nog afweziger en ongelukkiger maakt.

Er ontstaat een woordenwisseling, opnieuw over hun eeuwige twistpunt.

'Hun eeuwige twistpunt' is de tot razernij en frustratie leidende manier waarop de ander beslissingen neemt, of het nu gaat om de boodschappen in het weekend, de aankoop van een huis of alles wat daartussenin zit.

Ze vinden allebei dat de ander op zíjn manier, de enige juiste, een beslissing moet nemen en beseffen niet dat dit vanwege hun karakterverschillen voor beiden een onmogelijkheid is.

* Gevoelstypen moeten alle facetten van een beslissing langzaam en zorgvuldig in overweging nemen. Ze voelen zich gedwongen alle alternatieven uitgebreid te onderzoeken en te vergelijken, waarna ze het aantal mogelijkheden terugbrengen en uiteindelijk een zorgvuldig overwogen keuze maken.
* Gedreven typen daarentegen nemen snel alle mogelijkheden door en maken vlot hun keuze. Nadat ze de 'juiste' keuze hebben gemaakt, zijn ze niet langer in alternatieven geïnteresseerd. Ze hebben een besluit genomen en daarbij blijft het.
* Analytische typen wegen wat voor hen goed of fout is op een ordelijke, heel gestructureerde manier af. Ze hebben duidelijk het doel van hun keuze voor ogen en kiezen dan de mogelijkheid die onder de gegeven omstandigheden het 'meest logisch' is.

* Elitaire typen doorlopen iets van alle bovenstaande manieren om tot een keuze te komen, maar kiezen steeds voor een niet-gangbare oplossing, die bij hun standing 'past'.

Met betrekking tot de manier waarop anderen tot een besluit komen, zijn alle typen het over slechts één ding eens: het is een afwijkende, onhandige en uiterst frustrerende manier.
Toch valt hieraan, evenals aan de persoonlijkheidstypen zelf, niets te veranderen. En als twee mensen niet alleen een publieke scène in een restaurant willen voorkomen, maar ook tal van scènes in de beslotenheid van een relatie, dan moet ieder type de mogelijkheid krijgen op zijn eigen manier tot een besluit te komen – en daarvoor de benodigde tijd krijgen.

6

De taal van de stemmingen begrijpen

'Ik probeer je duidelijk te maken wat ik wil.' De betekenis van stemmingen

Ons hele leven lang proberen we de taal van elkaars stemmingen te begrijpen.

Ieder kind weet, dat wanneer zijn moeder hem boos aankijkt en haar stem schel wordt, hij maar beter voor een goede smoes kan zorgen, want ze is héél kwaad. Hij weet waarschijnlijk niet dat ze maar doet alsof om zijn eigenzinnige gedrag te beïnvloeden. Als hij had begrepen wat ze ècht bedoelde, dan had hij vrijwel onmiddellijk ingezien dat ze hem niet werkelijk afwees.

Zo kunnen twee mensen die van elkaar houden maar toch telkens weer met elkaar overhoop liggen, terdege beseffen dat ze elkaar voortdurend in en uit de fasen van ontkenning, woede, depressie en marchanderen dwingen. Het is dan ook des te frustrerender dat ze niet in staat zijn elkaar precies duidelijk te maken wat ze met deze stemmingen werkelijk willen zeggen, en dus nooit aan elkaars behoeften tegemoet kunnen komen.

Voordat iemand van ons ook maar kan begìnnen op de behoeften van een ander te reageren, moet hij in staat zijn de stemmingstaal van de ander volledig te begrijpen. Dit komt doordat we allemaal de taal van de stemmingen gebruiken om duidelijk te maken wat we werkelijk bedoelen en van elkaar willen.

Het hoe en waarom van stemmingstaal

Deze stemmingstaal wordt zowel verbaal als non-verbaal uitgedrukt.

De ware betekenis van wat iemand probeert te zeggen, kan alleen duidelijk worden begrepen binnen de volledige context: wàt zegt hij verbaal en hóe zegt hij het verbaal, vocaal en fysiek?

Onze mentale en emotionele reacties op zowel de acceptatie- als de afwijzingsstemming gaan vergezeld van fysieke veranderingen die een uitgesproken effect hebben op de manier waarop we ons in elke stemming uitdrukken. Ons gedrag varieert naarmate onze hartslag, ademhaling, spierspanning en zelfs de wijdte van onze bloedvaten bij stemmingswijzigingen veranderen.

Deze gecombineerde mentale, emotionele en fysieke reacties onthullen een 'waarheid' die we niet kunnen onderdrukken, een 'waarheid' die doorklinkt in alles wat we zeggen en doen, een 'waarheid' die tot uitdrukking komt in een vorm waarvan we misschien nog nooit hebben gehoord: in stemmingstaal.

De taal van de stemmingen is niet moeilijk te verstaan. Onwillekeurig doen we het allemaal wel eens, zij het op goed geluk. Om te allen tijde iemands ware bedoelingen te begrijpen, moeten we echter niet willekeurig maar systematisch te werk gaan.

We moeten leren te kijken en te zíen, te luisteren en te hóren, te voelen en grondig te begrijpen.

Kortom, we moeten de stemmingstaal van die ander leren verstaan.

Wat we moeten zien, horen en voelen: algemene richtlijnen

Onderstaande algemene richtlijnen geven de zes punten aan die je moet zien, horen en voelen om de taal van de stemmingen te verstaan.

Als je telkens wanneer je met iemand praat deze punten in gedachten houdt, zul je je haarfijn bewust worden van de welsprekendheid van stemmingstaal en tal van bedoelingen die eerst misschien aan je voorbijgingen.

Je zult vaardiger worden in het begrijpen van deze taal naarmate je meer inzicht krijgt in de soort informatie die tot je komt. Plotseling kom je tot het besef dat de wèrkelijke betekenis van wat anderen je vertellen tot je doordringt.

1. Iedere afwijking van de norm

Aangezien stemmingstaal tot uitdrukking komt in variaties op 'normaal' fysiek en verbaal gedrag, moet je eerst bepalen wat dat normale fysieke en verbale gedrag is.

Zo mag je geen belang toekennen aan het gedrag van iemand die er altijd wat sloompjes bij loopt, die vaak onderuitgezakt in een stoel hangt, en die je recht in de ogen kijkt terwijl hij op zachte maar slaapverwekkende toon met je praat, zonder gebaren om zijn woorden kracht bij te zetten.

Als dezelfde persoon echter zijn schouders naar achteren getrokken houdt, rechtop in een stoel zit, druk begint te gebaren en je niet in de ogen kijkt terwijl hij met hoge stem een vurig verhaal afsteekt, dàn moet je zijn stemmingstaal met de grootste zorgvuldigheid onderzoeken, want onbewust vertelt hij je iets dat belangrijk voor hem is.

Let vooral op een plotselinge of dramatische toe- of afneming van bewegingen en op abrupte verbale en vocale veranderingen. Als je gesprekspartner bijvoorbeeld zijn bovenlijf plotseling anders houdt – door weg te draaien, voorover te buigen, zijn schouders naar achteren te trekken of zelfs onverwachts op te staan en weg te lopen – wees dan uiterst alert. Ook hier klinkt een boodschap uit zijn onderbewustzijn door, die je moet proberen te verstaan.

Als iemand plotseling begint afwisselend zijn benen over elkaar te slaan en naast elkaar op de grond te zetten, probeert hij stress kwijt te raken en is hij beslist aan een van de stemmingen onderhevig.

Wees alert wanneer iemand plotseling stilvalt of zijn stem ineens zachter, harder of hoger klinkt, wanneer hij heel snel of juist langzamer begint te praten en vooral wanneer hij plotseling dingen zegt op een manier die hem niet eigen is.

Dit zijn allemaal duidelijke signalen van stemmingstaal, die bijna niet mis te verstaan zijn.

Hoewel het van wezenlijk belang is deze overduidelijke signalen op te vangen, zijn er honderden minder duidelijke lichaams- en stemsignalen, die je gemakkelijker opvangt naarmate je nauwkeuriger observeert. Dit zijn de vluchtige signalen, die nog geen seconde duren: een steelse blik, een korte grimas, een snelle handbeweging of een bijna onmerkbare verandering van lichaamshouding, een korte pauze, een kuchje, een nauwelijks merkbare verandering in toonhoogte en zelfs foutief taalgebruik.

Als een dergelijke beweging of vocale of verbale uiting voor die persoon niet gebruikelijk is (een grimas kan bijvoorbeeld door een zenuwaandoening worden veroorzaakt, een plotselinge stilte door astma) en evenmin een duidelijke oorzaak heeft (met een snelle handbeweging kan een vlieg worden weggeslagen, een verandering in toonhoogte kan te maken hebben met de uitspraak van een vreemd woord), moet er een andere reden voor zijn en is uiterste opmerkzaamheid geboden.

Registreer zoveel mogelijk van deze korte signalen als je kunt.

2. Clusters

Clusters zijn groepen van drie of meer signalen die bijna gelijktijdig dezelfde boodschap uitzenden.

Wanneer je vrouw bijvoorbeeld tijdens een gesprek haar hoofd en schouders laat zakken, zich van je afdraait, haar handen voor haar ogen geslagen houdt en begint te snikken, kun je veilig stellen dat de signalen uit het cluster er allemaal op wijzen dat ze heel verdrietig is.

Als ze dan plotseling haar hoofd en schouders naar achteren gooit, zich van je afkeert, haar tot vuisten gebalde handen ter hoogte van haar slapen houdt en woedend uitvalt, dan kun je met zekerheid stellen dat de signalen uit het cluster aangeven dat ze heel kwaad is – op jóu.

Haar abrupte hoofd- en schouderbewegingen en het feit dat ze zich van je afkeert, zijn afwijzingssignalen. De signalen die daarop volgen, zijn daarmee in overeenstemming. Ze bundelen zich tot een cluster.

Ter illustratie wordt in deze twee voorbeelden van duidelijke gedragssignalen gebruik gemaakt. Bij subtieler gedrag is het van nog groter belang dat niet individuele signalen maar hele clusters worden geïnterpreteerd.

Als je vrouw terwijl je met haar praat bijvoorbeeld bevestigend knikt en een glimlach op haar gezicht heeft, dan leid je uit deze individuele signalen misschien af dat ze het met je eens is. Toch kun je het bij het verkeerde eind hebben.

Twee signalen zijn niet voldoende om conclusies te trekken. Zoek naar méér dan twee signalen die de boodschap die je denkt te ontvangen, versterken en staven.

Als je je vrouw beter observeert, zie je dat haar glimlach nogal stijf is en iets te lang duurt, dat ze alleen haar boventanden ontbloot en dat haar ogen niet meelachen. Nu lees je een cluster van vier signalen die een heel andere boodschap uitzenden.

Valt het je dan ook nog op dat ze iets te heftig en te vaak knikt, dat ze akelig rechtop zit, dat ze haar armen tegen haar lichaam aan houdt en haar voeten stevig op de grond heeft 'geplant', dan krijg je een boodschap van iemand die in feite heel kwaad is.

Nu heb je negen signalen die elk dezelfde boodschap ondersteunen en staven. Samen vormen ze een betrouwbaar cluster, die onmiskenbaar op 'woede' wijst.

Oppervlakkig gezien wil je vrouw je misschien doen geloven dat ze het met je eens is, maar doordat je de signalen begrijpt die ze in complete clusters uitzendt, kan de waarheid je niet ontgaan.

3. Stem- en lichaamssignalen werken samen

Wat iemand doet en de manier waarop hij dat doet, komt vaak terug in wat hij zegt en de manier waarop hij het zegt.

Als iemand bijvoorbeeld gelukkig is, 'gedraagt' zijn lijf zich gelukkig en 'klinkt' zijn stem gelukkig. Is hij droevig, dan laat hij zijn lijf hangen, kijkt neerslachtig, praat zachtjes en langzaam, en uit hij zich op droevige en gedeprimeerde toon.

De signalenclusters die je uit iemands verbale gedrag afleidt, moeten synchroon lopen met de signalen die zijn non-verbale gedrag uitzenden.

Als de fysieke signalen één ding zeggen en de verbale signalen iets anders, en er dus geen sprake is van één, duidelijk te interpreteren cluster, dan moet er een alarmbelletje in je hoofd gaan rinkelen. De persoon die je voor je hebt, probeert iets voor je verborgen te houden.

Omdat de meeste mensen menen dat anderen louter afgaan op wat ze zeggen, maken ze alleen met woorden duidelijk wat ze hun willen doen geloven. Ze vergeten dat hun lichaam iets anders zegt. Ze proberen hun ware bedoelingen te verbergen.

Dus wanneer iemands woorden niet in overeenstemming zijn met wat zijn lichaam zegt, moet je in eerste instantie op zijn lichaamstaal afgaan.

4. Territorium-zones
Edward T. Hall heeft een theorie ontwikkeld die zegt dat mensen een bepaalde afstand of 'territoriumzone' tussen zichzelf en een ander creëren, waaraan beiden zich stilzwijgend houden.

Deze zones zijn:

Intieme zone 15 – 45 cm
Persoonlijke zone 45 – 120 cm
Maatschappelijke zone 120 – 360 cm
Openbare zone 360 – 750 cm

Zoals de namen van deze indeling al zeggen, worden deze zones gebruikt om respectievelijk intieme, persoonlijke, maatschappelijke of openbare boodschappen over te brengen.

Als je iemands stemmingstaal probeert te begrijpen, is het belangrijk dat je ziet welke afstand hij in elk van de stemmingen hanteert.

Iemand die gedeprimeerd is en heel dicht naar je toe schuift, probeert je tot aansluiting te bewegen; hij wil je duidelijk maken dat hij werkelijk troost zoekt.

Als hij echter zover mogelijk van je vandaan gaat zitten, geeft hij aan dat hij alleen gelaten wil worden met zijn depressie en zéker geen aansluiting zoekt. In feite zegt hij dat je weg moet gaan.

Je kunt er zeker van zijn dat iemand die gewoonlijk anderhalve tot drieëneenhalve meter (je maatschappelijke zone) van je vandaan blijft, maar in de marchandeerstemming plotseling heel dicht bij je komt (tot in je intieme zone), iets van je gedaan probeert te krijgen.

De manier waarop iemand de ruimte tussen zichzelf en jou verandert, is een nuttig lichaamssignaal dat moet worden geïnterpreteerd in combinatie met andere, gelijkgerichte signalen.

5. Vecht- of vluchtreactie
W.B. Cannon formuleerde deze uitdrukking in 1929 om de reactie te beschrijven van iemand die wordt bedreigd. Deze reactie is een erfenis uit de tijd dat de primitieve mens bij een onverwachte beweging of het plotselinge verschijnen van een roofdier onverwijld moest beslissen of hij zou vluchten of vechten voor zijn leven. Op dat moment gaat het hart sneller slaan, laat de lever glucose in de bloedstroom los en begint de adrenaline haar werk te doen.

In stemmingstaal, waar voornamelijk de afwijzing van een ander als bedreigend wordt ervaren, zet de aanvankelijke verrassing of verbijstering een mentale, emotionele en fysieke reactie in gang waardoor iemand snel zijn blik afwendt of knippert en zo het oogcontact tijdelijk verbreekt.

Hij gebruikt dit moment om de situatie vlug te beoordelen en zijn positie te bepalen. Tijdens deze korte evaluatie is hij kortstondig onderhevig aan het 'vecht-of-vluchtsyndroom' om te bepalen of hij in de aanval gaat of daarvan afziet en wegrent.

Als hij (om rationele en/of emotionele redenen) tot vechten of vluchten heeft besloten, bepaalt hij welke van de vier stemmingen hem de meeste macht geeft over zijn tegenstander. Vervolgens meet hij zich bewust of onbewust de taal van de gekozen stemming aan.

6. Het lichaam is een bijzonder expressief instrument
Niemand kan bewust elke verandering in hartslag, ademhalingsactiviteiten en spierreacties, en elke beweging van zijn lichaam beheersen.

Geen mens kan voorkomen dat hij zijn lichaam gebruikt om zich uit te drukken. Al die 'lichaamsuitdrukkingen' kunnen worden opgevangen door iemand die erop bedacht is.

Leer goed te observeren: kijk en zie iedere beweging, hoe klein ook, van de persoon die door jou wordt geobserveerd.

Hoewel het gehele lichaam expressief is, is het gezicht het gemakkelijkst af te lezen doordat de gezichtsspieren, die snel op elke vorm van spanning reageren, volledig in het zicht liggen.

Aangezien we tijdens het communiceren elkaar toch al in het gezicht kijken, is het niet moeilijk je oog te trainen zelfs de kleinste beweging in deze grootste zichtbare spiergroep te registreren.

Houd iemands 'normale' gelaatsuitdrukking in gedachten en concentreer je op bewegingen van wenkbrauwen, voorhoofd, lippen en tong, en op zenuwtrekjes of spiertrekkingen die de normale gelaatsuitdrukking plotseling een ander aanzien geven.

Let ook op wanneer de ander zijn gezicht aanraakt, vooral het gebied rondom de mond en de neus.

Richt je op lichte kleurveranderingen (rood worden of juist verbleken), die bepaalde stemmingsveranderingen aangeven.

Vooral de ogen verraden emoties. Het is heel moeilijk te voorkomen dat ware gevoelens in de ogen tot uitdrukking komen, en omdat gewoonlijk wel zestig procent van onze communicatie via oogcontact tot stand komt, moet je leren iedere verandering in de uitdrukking van iemands ogen te registreren.

Veelzeggende uitingen van stemmingstaal

De passages verderop zijn bedoeld om een algemene indruk te geven van wat iemand in elk van de stemmingen doet en zegt, en waarom. Bij het interpreteren van stemmingstaal moet je in staat zijn de exacte betekenis van bepaalde gedragingen te herkennen en te begrijpen.

In de bijlage tref je een lijst aan van de voornaamste kenmerken en belangrijkste taaluitingen van alle stemmingen. Als je dit hoofdstuk helemaal hebt gelezen, neem dan de bijlage even door, zodat je er later, naarmate je vaardigheden in het 'begrijpen' toenemen, op kunt teruggrijpen.

Woede

Iemand die woedend is, verzet zich tegen afwijzing en gebruikt alles wat hij tot zijn beschikking heeft om niet alleen degene die hem woedend heeft gemaakt aan te vallen, maar alles en iedereen die op zijn weg komt.

Door het felle gevecht verkeert zijn lichaam in een verhoogde staat van opwinding: al zijn spieren bereiden zich voor op de strijd.

Zijn gezichtsspieren zijn gespannen en wanneer hij niet praat, houdt hij zijn lippen opeengeperst of naar binnen getrokken. Misschien zie je bij zijn slaap of in zijn nek zelfs een spiertje kloppen.

Als je naast een of beide ogen een spiertrekking ziet, moet je weten dat hij zich heel erg inspant om zijn woede onder controle te houden. Als hij op zijn lippen of tong begint te bijten, probeert hij binnen te houden wat hij eruit wil gooien.

Zijn ogen staan hard en kil, en hij knippert minder vaak dan gewoonlijk. Misschien probeert hij zelfs zijn tegenstander 'de grond in te staren' in een poging hem te domineren.

Ook probeert hij zijn spanning en frustratie over het feit dat hij is afgewezen kwijt te raken door zijn woede zo snel en dramatisch mogelijk te ventileren. Op deze wijze wil hij degene die hem heeft afgewezen domineren, beheersen en manipuleren, en hem uit wraak óók van streek maken.

Bij zijn aanval op de andere persoon richt hij zich op alles wat maar in hem opkomt: wie hij is, waar hij voor staat, hoe hij denkt, hoe hij zich voelt, zijn waarden, zijn positie. Hoe woedender hij is, des te uitgebreider wordt de tegenaanval.

Om zijn woede te ventileren, klampt hij zich ook aan onbeduidende details vast. Eigenlijk schopt hij tegen alles en iedereen om zichzelf vrij te pleiten en de schuld bij een ander te leggen.

We kennen allemaal de grove fysieke signalen die iemand uitzendt wanneer hij kwaad is: schokkerige bewegingen, een naar voren gestoken kin, handen die afwisselend samengebald en ontspannen zijn en een ademhaling die luider is dan normaal. Als hij zijn handen niet gebruikt om druk te gesticuleren, te wijzen of te slaan, houdt hij zijn armen dicht tegen zijn lichaam gedrukt of voor zijn borst gekruist.

Er zijn echter nog meer signalen, maar vaak worden ze niet als teken van kwaadheid herkend. Doorgaans gaat het om signalen van ingehouden woede. Enkele daarvan moet je in dit stadium al herkennen.

* Een bevroren glimlach en een blik die je koel aanstaart.
* Een of beide schouders zijn opgetrokken.
* De voor de borst gekruiste armen worden, naarmate de persoon in kwestie kwader wordt, steeds hoger gehouden.
* Zijn hand vormt de letter 'L': zijn duim ligt onder de kin en zijn wijsvinger tegen de zijkant van het gezicht.
* Hij wrijft met zijn hand over de achterkant van zijn nek; dit kan een voorbode van fysiek geweld zijn.

Woede die gericht is tegen een onbezield voorwerp heeft een kalmerende werking en brengt sneller verlichting dan tegen een persoon gerichte woede.

Depressie
Iemand die gedeprimeerd is, probeert te vluchten voor wat hij denkt dat niet alleen jouw afwijzing is, maar die van de hele wereld.

Hij is gekwetst. Hij kan niet méér hebben en probeert verdere aanvallen van de buitenwereld af te weren. Daarom richt hij zijn woede naar binnen en valt zichzelf aan, zodat hij er anderen niet mee lastig hoeft te vallen.

Doordat hij het heeft 'opgegeven', worden zijn lichaamsreacties trager. Hij gaat zachter en langzamer praten, neemt vaak niet eens de moeite zijn zinnen af te maken en laat zijn gedachten wegdwalen.

Hij zit zo in zijn eigen pijn opgesloten, dat hij zich niet kan concentreren op wat er om hem heen gebeurt. Veel van wat je hem zegt, ontgaat hem of begrijpt hij verkeerd.

Tegelijkertijd probeert hij zichzelf te troosten en het feit te rechtvaardigen dat hij niets kan veranderen aan de situatie die hem zo terneerdrukt.

Hij probeert je zover te krijgen dat je zijn standpunt begrijpt en met hem meeleeft. Hij vertelt je hoe moeilijk het 'leven' voor hem is, en breedvoerig verklaart hij hoezeer hij geraakt is door datgene wat hem bedrukt. Als je er gevoelig voor bent, brengt hij ook zijn slapeloosheid, zijn gebrek aan eetlust en zijn algehele malaise ter sprake.

In een poging je tot sympathie te bewegen, valt hij zichzelf om al zijn tekortkomingen aan en vertelt hij je waarschijnlijk dat je zonder hem beter af bent. Hij wil dat je tegenwerpingen maakt en hem van het tegendeel overtuigt.

We weten allemaal hoe iemand die gedeprimeerd is eruitziet. Ook hier geldt dat er signalen zijn die niet door iedereen worden begrepen. Enkele die je zeker moet herkennen, tref je hieronder aan.

* Wanneer een gedeprimeerde persoon hoorbaar en op overdreven wijze begint te ademen (of zelfs te huilen), dan probeert hij je duidelijk te maken dat hij aandacht wil.
* Iemand die gedeprimeerd is, raakt zijn gezicht veel vaker aan dan normaal. Hij wrijft in zijn ogen of houdt ze bedekt, trekt aan zijn lippen of houdt zijn hand voor zijn mond, wrijft langs zijn gezicht of hoofd, of houdt zijn hoofd tussen zijn handen.
* Iemand die met zijn handen langs de binnenkant van zijn dijbenen strijkt, probeert zijn depressie te sussen en zichzelf te troosten.
* Als iemand onbewust een 'zelfmoordvinger' maakt – de uitgestrekte wijsvinger naar de slaap en de duim naar boven gericht, de handpalm naar beneden gebogen – is hij bijzonder gedeprimeerd en heeft hij je hulp nodig.

Depressie is de pijnlijkste afwijzingsstemming, waaronder altijd woede sluimert.

Marchanderen

Iemand die in de marchandeerstemming is, probeert zowel met vechten als met vluchten aan afwijzing te ontkomen.

Zijn onderhandelingsgedrag is doorgaans uiterst voorkomend en te 'aardig'. Hij wil je tonen dat je van hem niets te vrezen hebt, en je zult dan ook veel onderwerpingssignalen opvangen. Hij komt dichter bij je in de buurt en raakt je vaker aan dan normaal. Hij zoekt overdreven veel oogcontact en glimlacht te vaak en te lang.

Hij wil dat je hem niet meer afwijst maar je weer bij hem aansluit, en zal er alles aan doen om dat te bewerkstelligen. Hij wil elk conflict zo snel mogelijk uit de wereld hebben en zal daarom misschien zelfs zeggen dat hij het bij het verkeerde eind had, ook al meent hij dat niet echt.

Als het ernaar uitziet dat je hem opnieuw gaat aanvallen, probeert hij je aanval af te weren door zijn eigen goedheid te benadrukken. Wat heeft hij allemaal niet voor jou gedaan? Wat hebben jij of anderen niet gezegd over zijn 'zorgzaamheid en voorkomendheid'? Wat een goede 'echtgenoot/ vriend/vader/zoon' (of 'echtgenote/vriendin/moeder/dochter') is hij (zij) wel niet? Mogelijk voert hij zelfs zijn godsdienstigheid ten tonele!

Misschien probeert hij de aanval van zich af te slaan door je te vertellen hoe ziek hij is, hoe hoog zijn bloeddruk is, hoe zijn zenuwen hem parten spelen of wat de dokter hem bij zijn laatste bezoek op het hart heeft gedrukt. Om zijn argument kracht bij te zetten, toont hij je zijn fysieke gebreken.

Hij gebruikt koosnaampjes, probeert je te paaien, doet allerlei beloften over wat hij in de toekomst nooit meer zal doen of juist wel, en biedt vaak cadeautjes, een traktatie of seksuele gunsten aan.

Hij probeert je ervan te overtuigen dat jouw behoeften bij hem op de eerste plaats komen en dat hij dus bereid is op elk aanbod in te gaan, op voorwaarde dat je ophoudt hem af te wijzen.

Hieronder tref je een aantal marchandeersignalen aan waar je in het bijzonder op moet letten.

* Te snel en op de verkeerde momenten huilen. Dit doet hij om spijtgevoelens in je op te roepen.
* Naar het plafond staren, waarmee hij wil zeggen: 'Geloof me, in deze situatie ben ik hulpeloos!'
* De handen uitgestrekt en met de palm naar boven naar jou gericht houden. Dit is een duidelijk teken van onderwerping.
* Een smekende, vleiende en verzoenende toon, die te 'oprecht' klinkt om waar te zijn.
* Overdreven gevlei en/of geflirt.

Marchanderen is de stemming die het dichtst bij acceptatie ligt, met het geringste aantal opvallende afwijzingssignalen.

Ontkenning

Iemand die ontkennend reageert, probeert aan afwijzing te ontkomen. Hij kan dit op twee manieren doen: met zelfbedrog zichzelf de waarheid ontzeggen of met leugens anderen de waarheid ontzeggen.

De stemmingstaal van de in het vierde hoofdstuk beschreven overspelige echtgenoot die door zijn vrouw met de waarheid werd geconfronteerd, is een typisch voorbeeld van de tweede manier van ontkennen.

Bij het interpreteren van stemmingstaal is echter vooral de eerste manier, ontkennen door zelfbedrog, van belang.

Iemand die tot een dergelijke vorm van ontkenning overgaat, kan de realiteit dat hij wordt afgewezen niet aan en probeert zich ervan te overtuigen dat er niets 'mis' is. Hij wil iets waar hij zo slecht tegen opgewassen is gewoonweg niet onder ogen zien. Hij wil het niet erkennen of bespreken, of zelfs maar toegeven dat het er is, daarom probeert hij zich zo gewoon mogelijk te gedragen. Afgezien van een iets te geforceerde en gespannen houding, en het feit dat je van tijd tot tijd een bezorgde blik in je richting opvangt, kun je heel weinig uit zijn gedrag en woorden opmaken.

Als je daarentegen het onderwerp ter sprake brengt dat hij zo vastbesloten wil negeren, dwing je hem datgene onder ogen te zien waarvan hij niets wil weten en zijn de signalen van zijn ontkennende houding duidelijk waarneembaar.

Hij begint te stotteren, zijn stem stokt, zijn voeten schuiven onrustig heen en weer en hij trekt aan zijn kleding of wrijft denkbeeldige pluisjes van het meubilair. Hij kijkt op zijn horloge of besluit plotseling dat dit een goed moment is om zijn bril schoon te maken. Dit zijn allemaal 'uitsteltactieken' om tijd te rekken of je af te leiden.

Slaagt hij er niet in je met deze trucjes tijdig van het onderwerp af te brengen, dan verzoekt hij je waarschijnlijk je woorden te herhalen of herhaalt hij ze zelf hardop met een uitdrukking van ongeloof op zijn gezicht.

Als je dan nòg blijft doorvragen, geeft hij niet direct antwoord maar zal hij over allerlei andere dingen gaan praten – dingen die meestal weinig te maken hebben met de kwestie die hij ontkent.

Ook moet het je opvallen dat deze uitweiding over van alles en nog wat, behalve hetgene waar het om draait, steeds emotioneler wordt.

Misschien laat hij zich uit over andere mensen, of zelfs over jou, in uiterst negatieve en kleinerende bewoordingen om zo zijn eigen bedreigde zelfbeeld op te krikken.

Hieronder staan enkele van de minder opvallende ontkenningssignalen, die je toch moet herkennen.

* Sneller knipperen met de ogen.
* Een hand blijft vaker dan normaal in de buurt van de mond 'hangen' of bedekt die zelfs om een zin af te breken.
* Duim en wijsvinger spelen met de onderkant van de neus, terwijl de persoon in kwestie iets zegt of wil gaan zeggen wat hij zelf niet echt gelooft.
* Met één hand slaat hij van zich af om een idee of vraag weg te wuiven.
* Veelvuldig gebruik van zinnetjes als: 'Ik weet het niet meer', 'Niet voor zover ik weet,' of 'Ik denk het niet.'
* Onvolledige zinnen, opnieuw begonnen zinnen en zinnen die plotseling wèl worden afgemaakt – als hij weet dat je je door zijn ontkenning niet laat misleiden.
* Plotselinge gebruik van woorden in de derde persoon – 'anderen', 'zij', 'hen', 'iedereen', 'niemand' – als middel om universele erkenning van zijn versie van de waarheid te krijgen.

Van alle afwijzingsstemmingen heeft die van ontkenning, die het vaakst wordt gebruikt, de meest uitgebreide taal.

Onderwerpingssignalen

In het gespannen wereldje van rechtsvervolgingen zijn signalen bekend die aangeven dat een verdachte het punt heeft bereikt waarna er geen weg terug is; zijn wil is gebroken, hij geeft zich volledig aan de ondervrager over en staat op het punt een volledige en gedetailleerde bekentenis af te leggen.
Enkele van deze signalen zijn:

1. glimlachend over de kin wrijven, of deze vasthouden;
2. vijftien tot dertig seconden gelijktijdig over boven- en onderlip wrijven;
3. wegrollende ogen, die vervolgens gesloten worden;
4. omhooggeslagen blik en zeer traag knippertempo;
5. open handpalmen die plotseling naar boven wijzen;
6. een diepe zucht, waarna de schouders gaan hangen en de kin op de borst zakt;
7. een onverwacht en onverklaarbaar naar de ondervrager 'overhangen', als het ware om contact te maken;
8. het plotseling in de lucht steken van beide handen in een bijna militair gebaar van 'overgave';

9. een onverwachts ontspannen en 'ontluiken' van het bovenlichaam, als het ware om hart en borstkas als 'doel' aan te bieden.

Besef wel dat het wereldje van relaties met wederzijdse zorg en liefde heel anders in elkaar zit dan de wereld van ondervragers en criminelen. Als je tijdens een ruzie een van deze signalen opvangt, stop dan onmiddellijk met datgene waar je mee bezig was.
Op korte termijn heb je misschien gewonnen, maar als de overwinningsroes voorbij is, blijkt dat je met je macht een diepe en langdurige wrok hebt geschapen die nog maar heel moeilijk (of helemaal niet) te herstellen is.

Gewoon 'nee' zeggen

Als iemand 'nee' zegt en bedoelt, dan zegt hij dat direct, kort en duidelijk, omdat het de waarheid is.
Daarentegen zal iemand die 'nee' zegt maar 'ja' bedoelt, zich vaak verraden door de manier waarop hij het zegt.
Als iemand in antwoord op een directe vraag niet 'nee' zegt op de manier waarop hij dat altijd doet, maar op een van onderstaande manieren, dan kun je er zeker van zijn dat hij liegt.

1. 'Nee-e-e-e...' (een langgerekt nee).
2. '... Nee.' (lange pauze voorafgaand aan 'nee').
3. 'Nee, nee, nee!' (verschillende keren herhaald).
4. Een 'nee' dat wordt voorafgegaan door een nerveus lachje, gegniffel of misplaatste pret.
5. Een 'nee' dat vergezeld gaat van geknik.
6. 'Nee,' waarna de ogen worden gesloten of een hand voor de mond wordt gehouden.
7. Een 'nee' dat vergezeld gaat van overdreven lichaamsbewegingen.
8. 'Nee,' waarna de blik snel op iets anders wordt gericht.
9. 'Nee,' gevolgd door het kruisen van armen en/of benen.
10. 'Nee' als antwoord op een vraag die je niet eens helemaal hebt kunnen uitspreken.

7

Reageren op stemmingen

De behoeften van een ander begrijpen en bevredigen

Het doel van de techniek van begrijpen, reageren en responderen is wederzijdse acceptatie. We willen elkaar door wederzijdse afwijzing heen tot acceptatie brengen. We willen weer van elkaar houden.

We willen niet alleen dat de ruzies, het gekibbel, de bitse opmerkingen of zelfs het gevoel van eenzaamheid en afzondering ophouden; we willen de diepste behoeften van die ander werkelijk begrijpen en bevredigen, en van hem houden – en hij moet op dezelfde manier van ons houden.

Dit kunnen we bereiken als we weten hoe we moeten reageren op de stemmingen van de persoon van wie we houden.

We willen reageren op wie hij werkelijk is en wat hij ons in het echt vertelt, zodat we in staat zijn tegemoet te komen aan datgene wat hij ons met zijn stemmingstaal wanhopig maar tevergeefs probeert bij te brengen.

Als we eenmaal weten hoe en waarom hij ons via ontkenning, woede, depressie en marchanderen begrip voor hem wil bijbrengen, hebben we de sleutel in handen om rechtstreeks aan zijn behoeften tegemoet te komen.

Wat we met die behoeften doen en hoe we eraan tegemoet komen, is afhankelijk van onze reactie op de verschillende stemmingen die zich bij hem voordoen.

De kracht van reactie

Stemmingen ontstaan niet in een vacuüm. Ze worden door stress in gang gezet. Zelfs als we alleen zijn, verhevigen, verzwakken of verschuiven onze stemmingen afhankelijk van onze ideeën over wat anderen ons wel of niet aandoen of zelfs hoe anderen over ons denken. Andere mensen hebben waarschijnlijk meer controle over onze stemmingen dan wijzelf. Hun houding en reactie kan onze stemmingen versterken of verzwakken.

Dit geldt vooral wanneer die ‘andere persoon’ iemand is wiens acceptatie en goedkeuring ons een goed gevoel over onszelf geeft, en wiens afwijzing precies het tegengestelde effect heeft. Het is alsof die persoon onze stemmingen regelt. Hij kan ons stimuleren en ontmoedigen.

De ander beïnvloedt ons door de manier waarop hij op ons reageert. Stel je bijvoorbeeld eens voor dat je zojuist geweldig nieuws te horen hebt gekregen. Je bent zo verrukt, dat je het tegen iemand wilt vertellen. Je belt je vriend op zijn werk om je geluk met hem te delen, maar hij heeft het te druk om te luisteren en onderbreekt je. Hij zegt dat hij het die avond wel zal horen en legt de hoorn op de haak.

Je euforische stemming is verdwenen. Zijn reactie heeft je vanuit acceptatie tot in de afwijzingsstemmingen geslingerd. Het goede nieuws lijkt plotseling helemaal niet meer zo goed. Je neemt het hem kwalijk dat hij je dit aandoet en bent geïrriteerd over de controle die hij over je lijkt te hebben. De hele middag verkeer je in een afwijzingsstemming. Je blijft knorrig totdat je hem 's avonds precies kunt laten weten hoe je over hem denkt.

Net als zijn reactie jouw stemming ten slechte heeft veranderd – en jouw voorgenomen reactie vanavond stellig de zijne zal wijzigen – kunnen we de stemming van een ander ook ten goede veranderen. Het hangt allemaal af van de manier waarop we op de stemmingen van die ander reageren.

We hebben de macht elkaar uit de diepten van afwijzing naar de hoogten van acceptatie te leiden. En dat is ons doel.

Stappen om het doel van acceptatie te bereiken

Er zijn drie stappen nodig om degene van wie we houden (of een andere persoon) ertoe te brengen ons te accepteren.

We moeten:

1. Onze eigen stemming neutraliseren.
2. De stemmingstaal van de ander verstaan.
3. Op de stemmingen van de ander reageren.

1. Onze eigen stemming neutraliseren

Afwijzing komt van twee kanten. Zoals we hebben gezien, hebben we, wanneer iemand ons afwijst, de neiging zelf ook in een afwijzingsstemming te raken.

Als we echter zelf in een afwijzingsstemming verkeren, kunnen we onmogelijk van ganser harte aan andermans behoeften tegemoet komen. Onze eigen stemmingen voorkomen dat we de juiste boodschap opvangen en onze eigen behoeften komen lijnrecht tegenover die van de ander te staan. We moeten dus onze stemmingen neutraliseren en ons op die van de ander concentreren. Ze moeten onze volledige belangstelling hebben.

Dit betekent dat we geen enkel emotioneel, geestelijk of fysiek teken van afwijzing mogen tonen, hoe gering of vluchtig ook. We proberen niet alleen te begrijpen wat de ander ons wil vertellen, maar ook wat hij precies bedoelt, al beseft hij dat misschien zelf niet.

Het is niet voldoende dat alleen *wíj* weten waarmee we bezig zijn; de ander moet ook van onze bedoelingen op de hoogte worden gebracht. We moeten hem laten voelen dat hij onze volledige en onverdeelde aandacht heeft, die bezorgd, liefhebbend, onbevooroordeeld en bovenal niet kritisch of afwijzend is. Hij moet voelen hoezeer we ons in hem inleven.

We hoeven het niet met hem eens te zijn, maar moeten zijn recht op eigen gedachten en gevoelens respecteren. Ook moeten we zijn rechtvaardigheidsgevoel respecteren dat hem zegt dat hij het recht heeft op zijn manier te denken en te voelen. We moeten hem laten weten dat we hem waarderen om wie en wat hij is, ook al denken we niet over alles hetzelfde.

Het is niet gemakkelijk neutraal te blijven. We worden openlijk en in bedekte termen aangevallen, we mogen ons niet door de stemmingen van de ander laten beïnvloeden, ons geduld wordt vurig op de proef gesteld en onze eigen behoeften komen wel héél erg in het gedrang.

Ondertussen moeten we ons bewust blijven van onze eigen neiging om te vechten of te vluchten voor de persoon die ons afwijst – en die neiging onder controle houden.

Hoe moeilijk het ook mag lijken, onthoud dat we een geheim wapen hebben: we begrijpen waar de ander met zijn stemmingen doorheen gaat en hebben dit boek als gids om ons stapsgewijs tot wederzijdse acceptatie te voeren.

Onthoud ook dat we ervoor kiezen in deze positie te verkeren; we verlangen er wanhopig naar dat de ander ons begrijpt, maar kunnen dat niet verwachten als we hem niet eerst begrijpen.

We moeten laten zien dat we de ander werkelijk mogen om wie en wat hij is en om wat hij denkt en voelt, voordat we kunnen verwachten dat hij ons dezelfde respons geeft.

Regels om stemmingen te neutraliseren

Blijf in de acceptatiestemming
- Laat je niet door de stemming van de ander meesleuren.
- Geef geen oordeel en wees nooit beschuldigend: houd vooral je lichaamstaal goed in de gaten.
- Zoek geen bedoelingen die er niet zijn; ga op hele clusters af.
- Laat met je reactie zien dat je luistert en begrip probeert op te brengen.

Wees oprecht
- Veins geen geestelijke, emotionele of fysieke oprechtheid.
- Zorg dat je begrip, empathie, steun en zorgzaamheid uitstraalt.

Geef de ander je volledige aandacht
- Houd oogcontact, vooral als je naar hem luistert.
- Kijk goed en begrijp wat hij wil zeggen: let op wat zijn non-verbale stemmingstaal je vertelt.
- Luister goed en let op wat zijn verbale stemmingstaal je vertelt.
- Lokaliseer het centrale thema.

Laat je persoonlijkheid het niet van je overnemen
- Wees niet opdringerig, dominant of bedisselend.
- Wees geduldig; zorg dat je nooit in de rede valt of onrust toont.

2. De stemmingstaal van de ander verstaan

Als we iemands stemmingstaal proberen te verstaan, moeten we beseffen dat bepaalde behoeften altijd aanwezig zijn, ongeacht de stemming waarin de ander verkeert. Het zijn fundamentele en onveranderlijke behoeften, net als de behoefte van de holemens aan eten, onderdak en warmte.

Of we het nu wel of niet beseffen, in elke stemming herhalen en versterken we dezelfde fundamentele behoeften op een andere manier en met een andere nadruk.

Deze wezenlijke behoeften, die in verschillende vormen tot uiting kunnen komen, zijn de behoefte:

(I) onszelf en onze positie te beschermen, hetzij op offensieve, hetzij op defensieve wijze;
(II) de richting van het conflict te bepalen;
(III) onze eigen emoties te voelen en onze eigen gedachten te denken;
(IV) ons thema tot uitdrukking te brengen;
(V) onze gedachten en gevoelens te ventileren en stress af te voeren;
(VI) onze persoonlijkheid te beschermen;
(VII) de ander tot aansluiting te dwingen door hem ertoe te bewegen onze positie, en bij intieme relaties onszelf, te accepteren.

3. Op de stemmingen van de ander reageren

Als we iemand vanuit afwijzing tot acceptatie willen brengen, moeten we reageren op deze fundamentele behoeften, die hij in een door hemzelf gekozen vorm tot uiting brengt.

Niemand laat zich tot acceptatie bewegen als niet eerst deze fundamentele behoeften zijn erkend èn tot bevrediging zijn ingewilligd. Tot het zover is, zal de ander met zijn afwijzingsstemming halsstarrig blijven proberen je te dwingen zijn behoeften te begrijpen, of van de ene stemming naar de andere overspringen (van marchanderen naar woede, depressie of ontkenning), afhankelijk van wat hij denkt dat op jou de meeste invloed zal hebben.

Als je er niet in slaagt op gepaste wijze op deze behoeften te reageren, zal de ander niet tot acceptatie kunnen worden gebracht en in de verschillende afwijzingsstemmingen blijven vastzitten, totdat ten slotte iedere vorm van communicatie onmogelijk is geworden.

Met andere woorden, tenzij we reageren op de diepste behoeften van degenen met wie we het intiemst zijn, blijken we misschien met niemand intiem genoeg te zijn om überhaupt ergens op te kunnen reageren.

Wat je wel en niet moet doen bij het reageren op de behoeften van de ander

1. Geef hem de kans zichzelf en zijn positie te verdedigen

Val hem niet aan. Mijd zelfs een directe confrontatie. Laat zien dat je niet van plan bent hem aan te vallen of zelfs maar met hem te kibbelen, en dat je hem absoluut niet vijandig gezind bent.

Onthoud dat je je eigen stemmingen hebt geneutraliseerd en dat je alleen maar probeert te begrijpen wat hij je wil vertellen.

Zodra hij beseft dat je voor hem geen bedreiging vormt, kan de energie die hij nodig had om zich in de agressievere afwijzingsstemmingen (ontkenning en woede) te verdedigen, zinvoller worden gebruikt.

2. Maak hem duidelijk dat zijn driftige pogingen om de richting van het conflict te bepalen niet nodig zijn

Aanvankelijk gebruikt hij de verschillende stemmingen – kwaadheid (domineren), depressie (zich door zelfkastijding terugtrekken), marchanderen (je plagen met gedeeltelijke acceptatie) en ontkenning (botte weigering om het probleem onder ogen te zien) – als een schild om zichzelf en zijn positie tegen jouw afwijzing te beschermen. Zolang hij de leiding heeft, meent hij dat nieuwe aanvallen geen kans hebben.

Je moet hem duidelijk maken dat je hem niet aanvalt, zodat hij zich niet langer hoeft te verweren. Laat hem weten dat je zijn gedachten of gevoelens niet wilt bagatelliseren, maar dat je alleen probeert zijn positie en de achterliggende redenen te begrijpen.

Let er wèl goed op dat je niet wordt gemanipuleerd. Wees je bewust van wat de ander probeert te bereiken, en hoe hij dat doet, maar laat je niet door hem sturen. Geleidelijk en op subtiele en niet-agressieve wijze moet je zijn stemmingen zodanig richting geven dat hij tot acceptatie komt.

3. Geef hem de tijd zijn gedachten en gevoelens te 'doorleven'

Jaag de ander niet in snel tempo door de emoties of gedachten die hij in elke stemming ervaart. Doe niet kleinerend over wat hij doormaakt. Als je zijn gedachtengang en gevoelens onderbreekt, blijft hij op dat onderwerp en die stemming terugkomen totdat hij ze volledig heeft 'ervaren'. Je zult het weten dat je hem hebt gestoord.

Laat hem alleen op momenten (vooral bij woede en depressie) dat hij geen aansluiting zoekt en zijn behoeften niet met je wil delen; hij wil gewoon met zijn gedachten en gevoelens alleen zijn. Hij heeft het nodig op zijn eigen manier met zijn stress om te gaan en zich ermee te verzoenen.

Wees geduldig, kijk goed en luister vriendelijk naar wat hij je vertelt.

4. Moedig hem aan zijn gedachten en gevoelens kenbaar te maken
Stimuleer hem zich te uiten. Zorg dat hij zich volledig losmaakt van alle gedachten en emoties die hem ongelukkig maken. Deze gedachten en emoties komen zowel verbaal als non-verbaal met felheid (bij woede), verdriet (bij depressie), verdringing (bij ontkenning) en onderhandeling en 'koehandel' (bij marchanderen) tot uiting.

Laat hem uitspreken. Laat hem alles waar hij zich druk over maakt, reëel of niet, overboord gooien. Reageer niet negatief op wat je hoort of ziet, zelfs niet als het tegen jou persoonlijk gericht is, maar volg hem aandachtig. Zie het als een 'zuiveringsproces' om de pijn te verlichten en zijn wonden te genezen.

5. Richt je op zijn thema
De ware oorzaak van het conflict ligt in zijn thema, dat in elke afwijzingsstemming direct en indirect op verschillende manieren wordt herhaald. Soms komt het duidelijk tot uitdrukking, andere keren wordt er slechts vaag naar verwezen. Bij woede komt het openlijk of subtiel naar buiten in beschuldigingen, bij depressie in naar binnen gerichte verwijten, bij ontkenning in negatieve beweringen en bij marchanderen in omslachtig gesjacher.

Doordat dat ene onderliggende motief echter voortdurend wordt herhaald, zij het in verschillende vermommingen, is het centrale thema te achterhalen.

Spreek uit wat jíj denkt dat het thema is. Als je het bij het rechte eind hebt, dan zal de ander dat bevestigen. Als je het fout hebt, dan zal hij het via de verschillende stemmingen blijven herhalen totdat je het wèl hebt begrepen.

Zodra je het thema hebt opgevangen, moet je je erop richten. Geef het erkenning en waarde, en laat zien dat je het probeert te begrijpen. Relateer alle schijnbaar irrelevante onderwerpen die ter sprake zijn gekomen aan dit centrale thema.

Hoewel de ander meestal zijn thema diepgaand met je wil bespreken, is het ook mogelijk dat hij niet méér vraagt dan je begrip (zie punt 3).

6. Geef hem de kans zijn persoonlijkheid 'de vrije teugel' te geven
Ieder persoonlijkheidstype moet de kans krijgen op zíjn manier gebruik en misbruik te maken van stemmingstaal. Probeer de ander er niet toe te bewegen op jouw manier te handelen of te praten; laat hem op zijn eigen manier bevestigen wie hij is. Bij spanning komt zijn persoonlijkheid in zui-

vere vorm naar boven, en dat kun je onmogelijk veranderen.

Toon onder geen enkele voorwaarde irritatie, ongeduld of verdriet over wat de ander zegt of doet. Als je de stijl van zijn persoonlijkheid afwijst, raakt hij steeds dieper in zijn afwijzingsstemmingen verankerd.

7. *Overtuig hem ervan dat je je nog steeds met hem verbonden voelt, ook al ben je het op dit specifieke punt niet met hem eens*

Laat hem merken dat juist omdat het voor jou zo belangrijk is dat jullie elkaars goedkeuring hebben, je zoveel moeite doet zijn tegengestelde standpunt in deze kwestie te begrijpen.

Laat hem weten dat je hem niet afwijst om wie en wat hij is, dat je in feite houdt van wie hij is. Omdat je van hem houdt, probeer je zijn standpunt te begrijpen.

De volgende schema's laten zien wat iemand die in een afwijzingsstemming verkeert, nodig heeft en hoe je op die behoefte moet reageren.

De afwijzingsstemmingen: wat iemand in de woedefase nodig heeft en hoe jij erop moet reageren.

Wat hij nodig heeft:	**Wat jij moet doen:**
1. *Zijn woede ventileren* Al zijn kwaadheid, opgekropte gedachten en gevoelens moeten hardop, direct en op dramatische wijze worden geuit. Hij moet zijn negatieve emoties volledig 'doorleven' om zijn stress kwijt te raken.	1. *Neutraal blijven* Laat merken dat je luistert en probeert begrip voor hem op te brengen. Iedere 'mening' die wordt geventileerd, kan niet in woede worden omgezet. Geef hem de kans uit te razen tot zijn woede is opgebrand.
Hij wil zich niet beheersen of inhouden, en evenmin wil hij zijn standpunt op een rustige, rationele manier uiteenzetten.	Je moet jezelf er niet toe laten brengen eveneens woedend te reageren, je toevlucht tot een andere afwijzingsstemming te zoeken, hem te onderbreken, je visie te geven of hem tot rust te manen.

2. *Jou en de situatie domineren, beheersen en manipuleren*
Hij wil het gevoel hebben dat hij de zaak volledig in de hand heeft. Hij wil ofwel druk op je uitoefenen om je te dwingen je bij hem aan te sluiten, ofwel je van hem afduwen om te laten zien dat hij jouw goedkeuring niet nodig heeft.

Hij wil niet uitgedaagd, tot zwijgen gebracht, in de rede gevallen of op enige manier gedwarsboomd worden.

2. *Hem laten geloven dat hij de leiding heeft*
Je kunt niets doen voordat hij zijn woede volledig heeft geventileerd en uit zichzelf wat rustiger is geworden. Laat hem de leiding hebben, maar sta niet toe dat je wordt gemanipuleerd. Beantwoord zijn vragen zo kort en duidelijk mogelijk; laat emotionele nuances achterwege en laat je niet tot een meningsverschil aanzetten.

Je moet hem niet uitdagen, onderbreken, het zwijgen opleggen of proberen de leiding over te nemen.

3. *De kwestie forceren*
Hij wil de zaak op de spits drijven en in de openheid brengen. Hij wil iemand de schuld geven en zichzelf en zijn houding vrijpleiten. Hij wil zijn thema zo dramatisch mogelijk naar buiten brengen.

Hij wil niet te horen krijgen dat hij het bij het verkeerde eind heeft.

3. *Hem al zijn negatieve gedachten en gevoelens laten ventileren*
Laat hem uitspreken wat volgens hem de oorzaak van het probleem is, en bij wie de fout ligt. Mogelijk overdrijft hij, maar in deze stemming gelooft hij het. Neem hem serieus. Identificeer zijn thema, maar ga er niet op in voordat hij gekalmeerd is.

Toon geen ongeduld en laat niet merken dat je het niet met hem eens bent.

4. *Wrijving veroorzaken*
Hij zal een excuus zoeken om je aan te vallen en zo zijn woede te rechtvaardigen en versterken; hij zal je treiteren en sarren om een reactie te krijgen. Hij zal elk voorwendsel aangrijpen om zijn irritatie in stand te houden.

4. *Accepteren dat hij in zijn woede alles en iedereen wil aanvallen*
Laat je er niet toe verleiden tegen hem in te gaan, maar blijf neutraal en zeg alleen dat je begrijpt waarom hij denkt of voelt zoals hij doet.

Hij wil niet dat je geen enkele reactie toont; daarmee is zijn doel niet gediend.	Geef hem niet de kans nog meer wrijving te veroorzaken en zijn woede langer te laten duren dan nodig is.
5. *Ongevoelig op jou reageren* Hij sluit zich af voor de positieve invloed van jouw gedachten en gevoelens. Jouw standpunt doet niet ter zake.	5. *Accepteren dat hij in deze fase ongevoelig is voor jouw behoeften* Als hij niet probeert aansluiting met je te zoeken, en jouw aanwezigheid alleen al genoeg is om hem nog kwader te maken, ga dan weg. Als je louter als klankbord wordt gebruikt, luister dan vriendelijk.
Hij wil niet inzien dat jij een andere mening bent toegedaan.	Laat niet merken dat je het niet met hem eens bent, want dan wakker je alleen zijn woede maar aan.

De afwijzingsstemmingen: wat iemand in de depressiefase nodig heeft en hoe jij erop moet reageren.

Wat hij nodig heeft:	Wat jij moet doen:
1. *Zijn verdriet 'ervaren'* Het hele gamma van tegen zichzelf gerichte en zelfvernietigende gedachten en emoties moet de kans krijgen te worden doorleefd. Soms wil hij in eerste instantie alleen zijn, en pas in een later stadium zijn ellende met een ander delen.	1. *Meelevend reageren* Probeer te begrijpen waar de ander doorheen gaat, maar stoor hem niet in zijn verdriet. Reageer pas als hij zijn gevoel van ellende heeft geuit. Luister als hij wil praten en volg zijn gedachtengang; let vooral op het thema van zijn depressie. Onderbreking wordt gezien als een afwijzing. Wees geduldig. Als hij alleen wil zijn, respecteer je dat.
Hij wil niet dat zijn verdriet wordt gebagatelliseerd, ondergewaardeerd of genegeerd.	Wat je niet moet doen: zelf in een afwijzingsstemming terechtkomen; je eigen visie op zijn depressie geven; zeggen dat hij zich moet 'vermannen' of het 'van zich af moet zetten.'

2. *Met aandacht en zorg worden omringd*
Zijn verdriet moet het enige zijn waar jullie beiden in geïnteresseerd zijn. Hij heeft het nodig dat je de diepte en intensiteit van zijn ellende aanvoelt en begrijpt.

2. *Al het andere wat je aan je hoofd hebt vergeten*
Het is jouw taak zijn verdriet te weerspiegelen, zodat hij ziet dat iemand met hem meeleeft.

Hij heeft geen behoefte aan een objectieve visie; hij heeft een meelevende, subjectieve kijk nodig.

Wat je niet moet doen, is hem of de situatie domineren, je persoonlijkheid de boventoon laten voeren of proberen de gebeurtenissen te beïnvloeden.

3. *Zijn verdriet tot uitdrukking brengen*
Als hij er klaar voor is, moet hij kunnen zeggen hoe hij zich voelt en wat hij denkt, en direct of indirect de oorzaak van zijn depressie kunnen vertellen.

3. *Inzien wanneer voor hem de tijd rijp is om over zijn depressie te praten*
Luister goed en met medeleven, praat alleen om korte uitingen van begrip te tonen. Laat de ander alles eruit gooien. Praat alleen als hij laat merken dat hij een reactie verwacht. Houd je antwoord kort of reageer met een wedervraag, zodat de aandacht weer bij hem ligt.
Als hij uitlegt waarom hij zich zo voelt, accepteer dat dan zonder kritiek. Ventileer geen andere mening en beschouw het niet als een persoonlijke aanval. Probeer het thema te identificeren, maar reageer er nog niet op.

Hij wil je niet horen zeggen dat je al weet waarom hij depressief is.

Voorkom dat je zelf in een afwijzingsstemming terechtkomt doordat je het niet met zijn redenering eens bent.

4. *Weten dat je zijn verdriet begrijpt*
Hij heeft er behoefte aan zijn probleem en de (echte of denkbeeldige) oorzaken ervan te bespreken met iemand die hem aardig vindt. Hij wil dat het op zíjn manier – hetzij emotioneel, hetzij verstandelijk – wordt benaderd en begrepen. Hij voelt zich hulpeloos, verloren, eenzaam en alleen, en probeert contact met je te krijgen door zijn verdriet met je te delen.

Hij wil niet alleen blijven met zijn verdriet.

4. *Je op zijn thema richten*
Controleer het thema door het uit te spreken. Benader het op dezelfde manier als de ander: emotioneel of rationeel. Laat hem weten dat je begrijpt waarom hij denkt en voelt zoals hij doet, maar ook dat zíjn manier niet de enige is om het probleem te bekijken. Bespreek zijn thema objectief. Onderzoek alle bijkomstigheden. Laat zien dat hij er niet alleen voor staat.

Voorkom dat je eigen, subjectieve mening je benadering vertroebelt.

5. *Van zijn depressie worden verlost*
Hij weet dat zijn verdriet niet overgaat zolang hij depressief is, en zal dan ook op allerlei manieren proberen zijn depressie te boven te komen. Vaak komt hij zelf met oplossingen als: 'Als nu maar...' Hij hoopt dat jij hem een weg naar buiten wijst.

Hij wil niet dat je hem nu in onzekerheid achterlaat.

5. *Mogelijke oplossingen bespreken*
Uit de diepgaande bespreking van zijn thema zal een aantal mogelijke oplossingen naar voren zijn gekomen. Moedig hem aan er daarvan een te kiezen en uit te zoeken hoe hij vervolgens te werk moet gaan. Als hij nog geen beslissing kan nemen, kies jij dan een oplossing voor hem en plan samen hoe die moet worden uitgevoerd. Laat hem voelen dat jullie gezámenlijke inspanning en beslissing het probleem zullen oplossen.

Kom niet met onpraktische of zogenaamde oplossingen aandragen.

De afwijzingsstemmingen: wat iemand in de marchandeerstemming nodig heeft en hoe jij erop moet reageren.

Wat hij nodig heeft:	Wat jij moet doen:
1. *Zich tegen aanvallen beschermen* Iedere dreiging moet worden afgewend. Vooral directe, frontale aanvallen moeten koste wat kost worden voorkomen.	1. *Beseffen dat marchanderen de stemming is die het dichtst bij acceptatie ligt* Iedere frontale aanval zal deze stemming in ongunstige zin beïnvloeden, maar als je een ontevreden, gekwetste en licht geïrriteerde houding aanneemt, zal de ander blijven proberen je met marchanderen voor zich te winnen totdat je hem tot acceptatie kunt bewegen. Je moet voorkomen dat de ander afdrijft naar een verder van acceptatie gelegen stemming.
2. *Zijn eigen ontkenning beschermen en zijn fouten bagatelliseren* Hij moet het gevoel hebben dat zijn standpunt onder de gegeven omstandigheden gerechtvaardigd is, dat er een geldige reden is voor zijn houding en dat hij dus niet onredelijk is. Hij wil niet openlijk toegeven of erkennen dat híj alleen fout was.	2. *Hem niet rechtstreeks uitdagen* Zeg dat je begrip hebt voor zijn manier van denken en voelen, en dat zijn reactie vanuit zijn standpunt gerechtvaardigd was, máár... Dan zet je geduldig en op logische wijze jouw visie en redenen uiteen, zonder hem te beschuldigen, waarbij je laat merken hoezeer je gekwetst bent. Wat je niet moet doen, is hem direct met zijn ontkenning confronteren of sterk de nadruk leggen op zijn fouten. Dwing hem niet hardop toe te geven dat hij het bij het verkeerde eind had.

3. *De kwestie indirect benaderen*
Vanwege zijn afkeer van een frontale aanval pakt hij het probleem indirect aan en richt hij zich op details om te bewijzen dat zijn visie juist en gerechtvaardigd is.

3. *Hem alle gelegenheid geven het probleem op zijn omslachtige manier te benaderen*
Luister vriendelijk naar alle punten die hij aankaart, maar sluit elk punt af door het verband aan te geven met het hoofdonderwerp. Onderzoek het complexe thema zorgvuldig en probeer zijn voornaamste zorg te identificeren.

Je moet niet proberen de leiding op je te nemen en bijkomende onderwerpen als onbelangrijk of niet ter zake doende weg te wuiven.

4. *Als eerlijk, evenwichtig en voorkomend worden beschouwd*
Hij wil dat je weet dat er geen kwaadaardigheid achter zijn optreden schuilt en dat ook met jóuw belang rekening wordt gehouden. Hij moet duidelijk voelen dat er een band tussen hem en de ander ontstaat.

Hij wil niet het idee hebben dat hij uitsluitend aan zichzelf denkt en alleen eigen genoegdoening nastreeft.

4. *Laten merken dat je niet tevreden bent*
Zeg hem dat je weet dat zijn motieven niet abnormaal zijn en dat hij ook met jouw behoeften rekening houdt, maar dat je werkelijke behoeften in feite worden genegeerd. Verklaar deze tegenstelling (zonder te suggereren dat hij daaraan schuld heeft) en vraag hem of hij een idee heeft hoe je ermee om moet gaan. In zijn antwoord zul je het thema gemakkelijker terugvinden. Profiteer van de concessies die hij doet en bouw daarop verder.

Overval hem niet met je ontevredenheid, maar kies voor een 'zachte', vriendelijke en niet-dominante benadering.

5. *Het gevoel hebben dat er sprake is van geven en nemen*
Hij biedt iets aan, maar wil in ruil daarvoor iets. Hij vindt het niet meer dan logisch dat hij wordt beloond omdat hij als eerste iets heeft gegeven.

Hij wil niet het gevoel krijgen dat hij de enige is die iets geeft.

5. *Begrip tonen*
Richt je op zijn thema en laat zien dat je begrijpt wat hij wil en waarom. Plaats het dan in een objectieve – dus niet je eigen – context, en ga in op de kwestie van geven en nemen. Leg de nadruk op wat jij opgeeft om aan zijn behoeften tegemoet te komen.

Hij mag niet het gevoel krijgen dat hij vrijgeviger is dan jij.

6. *Een zo goed mogelijke deal sluiten*
Hij heeft het nodig te geloven dat er sprake is van wederzijdse tevredenheid, en dat hij heeft gekregen waar hij recht op heeft.

Hij wil niet dat je het idee hebt dat je aan het kortste eind hebt getrokken, waardoor je hem zou kunnen blijven afwijzen.

6. *Controleren of hij tevreden is*
Laat hem merken dat je blij bent met het compromis en uit je waardering over het feit dat hij iets heeft opgegeven om aan jouw behoeften tegemoet te komen.

Geef hem niet het gevoel dat hij op de een of andere manier aan het kortste eind heeft getrokken.

De afwijzingsstemmingen: wat iemand in de ontkenningsstemming nodig heeft en hoe jij erop moet reageren. (Het gaat om de eerste vorm van ontkenning: zelfbedrog oftewel zichzelf de waarheid ontzeggen)

Wat hij nodig heeft:

1. *Zich verschuilen achter ontkenning*
Hij wil zich tegen de waarheid beschermen. Hij is niet in staat de realiteit van de situatie onder ogen te zien of zelfs maar te proberen ermee om te gaan. Hij probeert zich voor de schadelijke gevolgen van de

Wat jij moet doen:

1. *Neutraal blijven*
Geef hem de tijd die hij nodig heeft om de waarheid onder ogen te komen en zich erbij neer te leggen. Ontkenning is meestal een tijdelijke stemming, en misschien kan hij er zelf uitkomen.

waarheid af te schermen door zich ervan te overtuigen dat er niets aan de hand is.

Hij heeft geen behoefte aan een duidelijke of objectieve kijk op de situatie.

Dwing hem niet de waarheid meteen onder ogen te zien; zijn ontkenning zal er alleen maar feller door worden.

2. *De waarheid verdringen*
Op alle mogelijke manieren probeert hij de waarheid te omzeilen: door haar te negeren, door zich wijs te maken dat het geen verschil maakt of door te geloven dat hij de enige is die de feiten goed weet te interpreteren.

2. *Hem laten merken dat je de waarheid weet*
Wat hij zelf ook verkiest te geloven of jou wil laten geloven, telkens als hij iets doet of zegt waarmee hij de waarheid negeert, moet je hem rustig, duidelijk en zonder hem te veroordelen, zeggen waarom je het niet met zijn redenering eens kunt zijn. Wees zakelijk. Identificeer zijn thema en probeer erachter te komen waarom hij zo bang is voor de waarheid.

Hij wil niet dat anderen hem tonen dat hij het bij het verkeerde eind heeft.

Reageer niet emotioneel, zelfs niet als hij woedend uitvalt, en dwing hem niet zich bij jouw standpunt aan te sluiten.

3. *Zich ervan overtuigen dat hij zichzelf niet voor de gek houdt*
Hij zal elk argument – hoe onlogisch ook – aangrijpen om te bewijzen dat hij gelijk heeft. Hij is bang dat hij zijn eigen waardigheid aantast en zichzelf niet meer onder ogen durft te komen.

3. *Je buiten zijn geestelijke strijd houden*
Als hij zijn gedrag probeert te rechtvaardigen, reageer dan niet negatief. Luister belangstellend en laat merken dat je genegen bent moeite te doen om zijn denkwijze te begrijpen. Laat doorschemeren dat je het niet met hem eens bent, zonder dat rechtstreeks te zeggen. Probeer je op het onderliggende thema te richten.

Hij wil niet worden vernederd of gekleineerd.

Geef hem niet de indruk dat je hem zult afwijzen als hij de waarheid erkent.

4. *Jou van de juistheid van zijn standpunt overtuigen*
Afhankelijk van de intensiteit van zijn ontkenning zal hij je op alle mogelijke manieren proberen te beïnvloeden: met regelrechte leugens, bedrog, uitvluchten, excuses, koppigheid; met marchanderen, woede of depressie.

4. *Standvastig blijven*
Laat hem merken dat de waarheid voor jou zó duidelijk is, dat hij je niet met woorden of daden van het tegendeel kan overtuigen. Vestig zijn aandacht op de bewijzen en laat merken dat voor jou de waarheid vaststaat. Wijs hem vriendelijk op de feitelijke en – in het geval van ruzie – emotionele bewijzen die hem ertoe kunnen bewegen zich bij de realiteit neer te leggen.
Houd er rekening mee dat hij onverwachts op een andere stemming kan overgaan in een poging je met manipuleren voor zich te winnen.

Hij wil niet dat je van het tegendeel overtuigd blijft.

Laat hem niet in de waan dat hij, als hij zo blijft redeneren en manipuleren, je uiteindelijk van zijn standpunt kan overtuigen.

5. *De onontkoombare gevolgen van een confrontatie met de waarheid vermijden*
Hij is bang voor wat er gebeurt als hij de waarheid accepteert. Hij vraagt zich af of hij met de gevolgen kan omgaan, vooral met jouw afwijzing, en is bang volledig te worden buitengesloten.

5. *De voordelen benadrukken van het accepteren van de waarheid*
Leg de nadruk op de gunstige gevolgen voor hem, jou en jullie relatie. Maak hem duidelijk dat je hem, hoe graag je het ook wilt, niet echt kunt vertrouwen als hij de waarheid blijft ontkennen en dat jullie relatie daaronder te lijden heeft.
Richt je op zijn voornaamste zorg – zijn thema – en doe hem manieren aan de hand om

daarmee om te gaan. Laat hem merken dat je, ook als hij de waarheid accepteert, nog steeds om hem geeft en genegen bent samen met hem het probleem aan te pakken. Maak hem duidelijk dat hij er niet alleen voor staat.

Hij wil niet worden geconfronteerd met de nog grotere afwijzing die naar zijn idee het resultaat zal zijn van het erkennen van de waarheid.	Laat hem niet in de steek.

Reageren op snel wisselende stemmingen

Iemand die jou afwijst kan een tijdlang aan één stemming onderhevig zijn, maar het is ook mogelijk dat hij in een kort tijdsbestek snel en vaak van stemming verandert.

Is dit het geval, volg dan de 'Stappen om het doel van acceptatie te bereiken' (blz. 104) en pas de grondregels toe van 'Op de stemmingen van de ander reageren' (blz. 106).

Als je het thema kunt identificeren, richt je dan op de stemming die dat thema het duidelijkst tot uitdrukking brengt.

Als je het thema niet kunt identificeren, richt je dan in onderstaande volgorde op de stemmingen.

1. Marchanderen (omdat dit met de minste afwijzing gepaard gaat)
2. Depressie (omdat dit mogelijk alleen een vriendelijke reactie vereist)
3. Ontkenning (omdat deze stemming heel moeilijk te beïnvloeden is)
4. Woede (omdat je niets anders kunt doen dan de ander de kans geven zich te uiten)

Een voorbeeld van elkaar snel opvolgende stemmingen zagen we in hoofdstuk vijf bij de woordenwisseling tussen John, de echtgenoot die tot waanzin wordt gedreven door zijn onvermogen zijn vrouw duidelijk te maken dat de jaarlijkse invasie van haar familie hun gezinsleven kapot maakt, en Lucy, die John de schuld geeft van haar eenzaamheid.

Toen John inzag hoe en waarom Lucy en hij al zoveel jaar afwijzend op elkaar reageerden, besloot hij een oplossing te zoeken.

Lucy:

'Ik houd van m'n broer! Je moet toch begrijpen dat ik hem mis als hij er niet is, en hij mist mij.'

Vanuit haar ontkennende houding negeert ze zijn thema en aansluitingspogingen. Ze wijst hem en zijn standpunt volledig af.

'Trouwens, jij bent altijd op pad en de kinderen zitten de hele dag op school. Het is hier zó stil. Dan is het toch heerlijk voor me om het gezin van m'n broer drie weken in huis te hebben?'

Eerst komt haar thema in de depressiestemming naar boven: 'Je laat mij alleen en eenzaam achter,' en daarna in de marchandeerstemming: 'Verdien ik dan geen gezelschap?'

'Maar als je het er niet mee eens bent, dan moet je zelf maar met hem gaan praten – ìk wil hem niet kwetsen.'

Met een radicale ommekeer gaat ze van ontkenning over op marchanderen. Ze geeft toe dat hij ergens gelijk heeft en biedt een deal aan.

'Nee, doe dat toch maar niet. Je bent zo bot, je zou hem alleen maar beledigen.'

Ze is bang erbij in te schieten en gaat opnieuw tot afwijzing over door de persoonlijkheid van haar man te ontkennen.

Nu John zijn eigen stemmingen had geneutraliseerd en de stemmingstaal en het thema van zijn vrouw doorzag, begreep hij dat hij als volgt had moeten reageren:

John:

'Ik weet dat je eenzaam bent, lieverd. Ik denk dat ik er geen idee van heb hoe moeilijk het is zo vaak alleen te zijn en de kinderen vrijwel in je eentje te moeten opvoeden. Je weet niet hoeveel pijn het me doet je telkens te moeten achterlaten; ik ben veel liever thuis, bij jou.'

Omdat hij het thema dat ze met haar depressie uit, heeft geïdentificeerd, reageert hij zowel op het thema als op de stemming. Hij past onderstaande regels toe: vriendelijk zijn, begrip opbrengen voor haar verdriet, de kwestie door haar ogen bekijken, aansluiting zoeken, zich op haar thema richten en erop reageren.

'Ik zal proberen minder vaak op pad te zijn, zodat je niet zo vaak alleen bent. En misschien kun je af en toe met me meegaan; een paar dagen per maand moeten we toch opvang voor de kinderen kunnen regelen. Of misschien moet ik toch ander werk gaan zoeken.'

Als hij merkt dat haar depressie in hevigheid afneemt, doet hij haar mogelijkheden aan de hand om haar depressie en ontkenning los te laten door gezamenlijke oplossingen te bespreken, waarbij zíj mag zeggen wat ze het liefst wil. Zijn aanbod om ander werk te zoeken kan echter gevaarlijk zijn; als hij het niet echt meent en Lucy houdt hem eraan, dan zou hij haar moeten afwijzen.

Daarna zette John het antwoord op papier dat Lucy waarschijnlijk zou geven.

Lucy:

'Ja, ik denk dat ik de kinderen wel een paar dagen kan achterlaten.'

Vanuit haar depressie komt ze tot acceptatie. Ze voelt zich weer met hem verbonden en kiest voor de oplossing die zij het prettigst vindt.

'O, John, ik begrijp niet hoe je het voor elkaar krijgt je vijfenzeventig uur per week voor dat stomme werk in te zetten.'

Nu gaat ze marchanderen (verbergt haar ontkenning en bagatelliseert haar eigen fouten) door zijn baan de schuld te geven.

'We moeten toch een oplossing kunnen vinden voor dat probleem met mijn broer. Heb jij een idee?'

Tot acceptatie gekomen, sluit ze zich weer bij hem aan en is ze bereid in overleg een oplossing te zoeken.

'Ik zou meer tijd met hem kunnen doorbrengen als jij weer weg bent, of misschien...'

Ze gaat opnieuw marchanderen om er voor zichzelf het beste uit te slepen.

John:

'Je stelde net voor dat ik eens met je broer zou praten. Ik wil niet bot zijn, of zijn gevoelens kwetsen – daarmee zou ik jullie allebei verdriet doen. Even onder ons, wat kunnen we hem zeggen zonder iemand in deze situatie te kort te doen?'

Hij maakt snel gebruik van de concessies die ze in de marchandeerstemming doet en komt terug op een eerder voorstel van haar. Door op haar behoefte om als eerlijk en gelijkwaardig te worden beschouwd in te spelen, benadrukt hij zijn aansluiting.

Als praktijkoefening zette hij hun woordenwisseling op papier. Afgezien van het feit dat hij het onderwerp nu op een andere manier ter sprake zou hebben gebracht, herschreef hij zijn manier van reageren. Aanvankelijk had Lucy als volgt gereageerd:

Erop vertrouwend dat hij zijn vrouw nu tot acceptatie kon brengen en dat ze gezamenlijk een oplossing voor de jaarlijkse invasie zouden vinden, besloot John haar verder zonder omwegen te benaderen.

Doordat hij haar zo goed kende, had hij uitstekend ingeschat wat ze zou gaan zeggen, meende hij.

Tot op zekere hoogte was dat ook het geval. Toch besefte hij pas toen ze samen ècht een oplossing voor het probleem gingen zoeken en weer dingen in elkaar begonnen te waarderen, hoezeer haar stemmingen en de manier waarop ze daarvan gebruik maakte, onderdeel van haar persoonlijkheid waren – dat de manier waarop ze de stemmingen gebruikte haar in feite maakte tot wie ze was.

Door de manier waarop Lucy met de afwijzingsstemmingen omging, besefte hij nu voor het eerst dat ze de wereld niet per se op dezelfde manier hoefde te bekijken als hij deed, en dat dingen die voor hem niets te betekenen hadden, voor haar heel belangrijk konden zijn. Voor het eerst in hun gezamenlijke leven was John in staat zich op Lucy's golflengte af te stemmen, en kon hij haar bereiken op een manier die hem voorheen onbekend was.

We kunnen dit allemaal op onze eigen manier en met de persoon die voor ons het belangrijkst is bereiken, op voorwaarde dat we inzien dat het uiteindelijke succes afhangt van het besef dat de manier waarop ieder van ons de wereld ervaart, wordt bepaald door de 'dominante stemming' van ons individuele persoonlijkheidstype.

8

Afstemmen op iemands dominante stemming en hem tot acceptatie bewegen

Het definiëren van de dominante stemming

Elk persoonlijkheidstype heeft een dominante stemming die bepalend is voor de manier waarop hij de wereld ziet en interpreteert.

Elk van de vier typen ziet 'zijn' wereld door de lens van een van de vier afwijzingsstemmingen, die zijn dominante stemming is.

Het gevoelstype heeft als dominante stemming 'marchanderen'.
Het gedreven type heeft als dominante stemming 'woede'.
Het analytische type heeft als dominante stemming 'ontkenning'.
Het elitaire type heeft als dominante stemming 'depressiviteit'.

Deze lens geeft ieder persoonlijkheidstype zijn of haar specifieke visie op de werkelijkheid, die anders is dan die van de andere typen. Bovendien reageert ieder type op wat hij door die lens ziet.

Als je goed oplet, zul je merken dat het gevoels-, het gedreven, het analytische of het elitaire type dat je dierbaar is, vooral de stemmingstaal van zijn dominante stemming gebruikt. Zelfs wanneer hij niet wordt afgewezen, zegt en doet hij dingen met de taal- en lichaamssignalen van die dominante stemming.

In dit hoofdstuk wordt het allerbelangrijkste onderdeel van de techniek van begrijpen, reageren en responderen behandeld: afstemmen op andermans dominante stemming.

Moderatiefilters: ons sociaal aanvaardbare gezicht

Ongeacht zijn persoonlijkheidstype wil niemand overkomen als uitgesproken 'marchanderend', 'woedend', 'ontkennend' of 'depressief'. Daarom zwakken we deze zuivere emoties af tot sociaal aanvaardbare. Ook kunnen we ons gedrag gemakkelijker voor onszelf rechtvaardigen als we de onbeheerste, 'onbeschaafde' aspecten van onze natuurlijke reacties op de een of andere manier weten bij te schaven.

Daarom plaatst ieder persoonlijkheidstype een 'filter' over zijn dominante stemming om deze af te zwakken en te maskeren. De filters van de persoonlijkheidstypen zijn:

Persoonlijkheidstype	**Dominante stemming**	**Filter**
Gevoelstype	Marchanderen	Verzoening
Gedreven type	Woede	Verontwaardiging
Analytisch type	Ontkenning	Verwerping
Elitair type	Depressiviteit	Exclusiviteit

Iemand van het gevoelstype die al marchanderend eigenlijk zegt: 'Alsjeblieft, doe me geen pijn', zegt nu verzoenend: 'Laten we met iedereen rekening houden.'

Iemand van het gedreven type die eigenlijk woedend is, zegt nu verontwaardigd: 'Ik vind het gewoon vervelend dat de wereld niet is zoals ze zou moeten zijn.'

Iemand van het analytische type die misschien ontkennend zegt: 'Ik heb altijd gelijk en alle anderen hebben altijd ongelijk,' doet het nu af met: 'Als je mijn advies niet ter harte wilt nemen, dan moet je het zelf maar weten.'

Iemand van het elitaire type ten slotte, die in zijn depressiviteit denkt dat hij niet op waarde wordt geschat en volkomen verkeerd wordt begrepen, zegt met zijn vermeende exclusiviteit: 'Je zou het toch niet begrijpen, dus laten we het maar hebben over iets dat je wèl begrijpt.'

'Ik kan niet anders zijn dan ik ben.' Onze unieke kijk op de wereld

De sleutel tot de verschillende persoonlijkheidstypen wordt gevormd door de karakteristieke manier waarop elk van hen omgaat met zijn dominante stemming en het daaroverheen geplaatste filter.

We zien niet allemaal dezelfde 'werkelijkheid'. Wat de een werkelijk waarneemt, is voor de ander een vertekening. De manier waarop iemand van een bepaald persoonlijkheidstype omgaat met de ervaringen in zijn leven, is heel anders dan de manier waarop iemand van een ander type met diezelfde ervaringen zou omgaan. Er is een enorm verschil tussen wat een gevoelstype, een gedreven type, een analytisch type en een elitair type in de wereld waarnemen en wat daarin feitelijk gebeurt.

Gevoelstypen, met verzoening als gefilterde marchandeerstemming, zijn in hun woorden en daden bijna altijd beleefd, houden rekening met andermans standpunt en zijn bezorgd om diens emotionele welzijn. Ze zijn zich er in elke situatie van bewust dat er sprake moet zijn van geven en nemen, en zullen iedere onevenwichtige machtsverhouding tussen hen en anderen proberen recht te trekken.

Tijdens zijn presidentscampagne van 1992 kreeg Bill Clinton als kritiek te horen dat hij geen 'nee' kon zeggen, niemand voor het hoofd wilde stoten, geneigd was alles aan iedereen te beloven en te gemakkelijk bereid was tot verzoening en compromissen. Hij heeft de reputatie een man te zijn die – in zijn poging niemand te kwetsen en aardig gevonden te worden – te zeer geneigd is mensen te vertellen wat ze graag willen horen. Dit zijn allemaal kenmerken van de marchandeerstemming.

Critici zeggen dat Bill Clinton zo geworden is door de littekens die hij in zijn verleden heeft opgelopen. Iemand verwoordde het zo: 'Hij ging zitten, stond weer op en liep rondjes, almaar denkend en denkend en denkend. Toen was hij eruit. Hij concludeerde dat je door het leven moet gaan zonder anderen te kwetsen.' Waarschijnlijk heeft Clinton er inderdaad over nagedacht. Doordat hij echter een gevoelstype is, dat de wereld door de lens van het marchanderen bekijkt en alles door het filter van verzoening ziet, kon zijn 'conclusie' over hoe hij door het leven moet gaan onmogelijk anders uitvallen.

Met andere woorden, als gevoelstype zag hij zijn wereld via de dominante stemming van marchanderen, haalde wat hij zag door het filter van verzoening en reageerde daarop als gevoelstype.

Gedreven typen, met hun gefilterde woede, praten en handelen gewoonlijk snel en heftig, en ventileren hun mening rechtstreeks, terwijl ze op bijna overweldigende wijze het verloop en de richting van het gesprek bepalen. Doorgaans reageren ze met agressieve directheid op wat in hun ogen fout is.

Aangezien gedreven typen over de meeste zaken een heel uitgesproken mening hebben (inderdaad, een mening die eigenlijk iedereen toegedaan zou moeten zijn) zijn ze verontwaardigd als de wereld niet overeenstemt met hun beeld daarvan. Als gedreven type kunnen ze niet anders dan lucht geven aan hun visie, of je het nu wilt horen of niet. Ze kunnen de verleiding om een weerwoord te geven gewoon niet weerstaan. Zoals de komediespeelster Karin Babbitt het verwoordt: 'Je wìlt niet cru zijn, maar het is een reflex.'

Gewoonlijk hebben ze een sterk ontwikkeld gevoel voor humor dat, zelfs als het tegen henzelf is gericht, scherp en snel is, en dat ze gebruiken om het absurde van situaties die hun verontwaardiging hebben opgeroepen te benadrukken.

Zelfs in een staat van acceptatie ziet, een gedreven type de wereld door het filter van verontwaardiging; wat hij ziet, zet hij af tegen zijn ideeën van goed en kwaad, zwart en wit.

Analytische typen, met hun gefilterde ontkenning, bekijken de wereld zonder emotie en filteren datgene weg wat voor hen in rationeel opzicht geen betekenis heeft. In hun wereld is geen plaats voor dergelijke 'onzin', die hun aandacht niet waard is. De enige dingen die in hun ogen waarde hebben, zijn zaken die samenhangend, logisch, rationeel en zinnig zijn.

Een bevriend analytisch type vertelde ons het verhaal van een eend die bij een ongeluk beide poten kwijtraakte. Een bekende gymschoenenfabrikant kwam te hulp en maakte voor het dier een prothese van gympjes, waarmee het weer kon waggelen. Naar aanleiding van dit hartverwarmende verhaal wilde een uitgever een kinderboek uitbrengen, maar voordat het kon worden geschreven, was de eend verdwenen. Omdat de eend op gympjes niet meer voor het boek op de foto kon worden gezet of voor publicitaire doeleinden kon worden gebruikt, besloot de uitgever van publikatie af te zien.

Daar kon onze vriendin met haar pet niet bij. De oplossing voor het probleem lag nogal voor de hand: neem een andere eend, verwijder onder narcose operatief zijn poten, zet er een paar gympjes onder en klaar!

Als analytisch type was ze verbaasd – en dat is ze nog steeds – dat de meeste mensen met afschuw op haar voorstel reageerden. Voor haar was het niet meer dan logisch.

Elitaire typen bekijken de wereld door een trifocale lens, met een combinatie van de filters van verzoening, verontwaardiging en verwerping van de drie andere persoonlijkheidstypen. Hoewel inzichtelijk, veelzijdig en 'intuïtief', is hun visie door de complexiteit van het filter vaak vervormd.

Omdat elitaire typen doorgaans meer inzicht hebben dan anderen, voelen ze zich op de een of andere manier 'speciaal' en anders dan het 'gewone volk'. Ook vrezen ze, doordat ze zo anders zijn, verkeerd begrepen of aangevallen te worden. Ze verbergen hun eenzaamheid en depressie dan ook achter een masker van elegantie, behalve in aanwezigheid van iemand met wie ze heel vertrouwd zijn.

Volgens de jongste biograaf van Henry Kissinger, Walter Isaacson, is Kissingers arrogantie 'de erfenis van een jeugd waarin hij zich slimmer en meer belegerd voelde dan de mensen om hem heen'. Als elitair type kon hij echter, ongeacht zijn achtergrond, de wereld – en zijn rol daarin – niet anders zien dan op zijn uiterst exclusieve wijze.

Individuele 'katalysators': wat zet ons in beweging?

Elk persoonlijkheidstype heeft een eigen 'katalysator' die tot reactie aanzet. Deze katalysator, die diep geworteld is in de specifieke manier waarop elk persoonlijkheidstype de wereld aanschouwt, is heel subjectief en alleen vanuit de eigen visie te begrijpen.

Omdat andere persoonlijkheidstypen de wereld niet op dezelfde manier bekijken en vaak niet eens beseffen dat een katalysator in werking is getreden, reageren ze vaak met verbijstering op de heftige reactie van de ander. Aangezien het om iets gaat dat bij hen niet als katalysator werkt, begrijpen ze niet wat er gebeurt.

De katalysators van de verschillende persoonlijkheidstypen zijn:

Persoonlijkheidstype	**Dominante stemming**	**Filter**	**Katalysator**
Gevoelstype	Marchanderen	Verzoening	'Eerlijk/Oneerlijk'
Gedreven type	Woede	Verontwaardiging	'Goed/Fout'
Analytisch type	Ontkenning	Verwerping	'Rationeel/Irrationeel'
Elitair type	Depressiviteit	Exclusiviteit	'Gepast/Ongepast'

Zolang gevoelstypen in hun kijk op de wereld eerlijkheid vinden, accepteren ze de situatie. Zodra ze op een of andere vorm van oneerlijkheid stuiten, reageren ze negatief. Er is gezondigd tegen hun idee van hoe de wereld in elkaar hoort te zitten, waardoor er een katalysator in werking is getreden.

Op dezelfde wijze blijven gedreven, analytische en elitaire typen probleemloos in een staat van acceptatie, zolang ze in hùn wereld respectievelijk goed, rationeel en gepast gedrag tegenkomen. Negatieve reacties worden opgeroepen door respectievelijk fout, irrationeel en ongepast gedrag, doordat dat gedrag niet strookt met de manier waarop (volgens hèn) de dingen zouden moeten zijn.

De 'gevoelige plek'
Elk persoonlijkheidstype heeft zijn eigen 'gevoelige plek', waar je het beste met een grote boog omheen kunt lopen.

Deze gevoelige plek is het zelfbeeld van die persoon. Dat zelfbeeld is

(Lees verder op blz. 136)

Het kwetsbare zelfbeeld: het gevoelstype
Dominante stemming: marchanderen **Filter: verzoening**

Ze zien zichzelf als:	**Daarom zullen ze in hun stemmingstaal:**
Emotioneel gevoelig	– denken, praten en handelen op basis van gevoelens – proberen zich in de ander in te leven, en aansluiting te zoeken – zich bewust zijn van de gevoelens van de ander – vriendelijk, hartelijk, aardig en beleefd zijn – zich sterk bewust zijn van de 'gevoelswaarde' van woorden en daden
Eerlijk en onpartijdig	– ieders standpunt bekijken – goed luisteren – het 'complete beeld' proberen te zien – langzaam en weloverwogen denken en handelen – anderen het voordeel van de twijfel geven – ongelijk bekennen
Niet-agressief	– zichzelf of hun mening nooit opdringen – niet proberen te overheersen – geduldig en niet-strijdvaardig reageren – andermans belang boven dat van zichzelf stellen
Een 'goede', vriendelijke, zorgzame en eerlijke vredestichter	– proberen tactisch, diplomatiek, onpartijdig en niet-veroordelend te zijn, en 'vrede te stichten'.

Katalysator: 'eerlijk/oneerlijk'

Daarom worden ze tot afwijzing gebracht als je zo 'oneerlijk' bent om:
– hen van overdreven gevoeligheid of emotionele onevenwichtigheid te betichten – hen van ongevoeligheid of hardvochtigheid te betichten – hen met ongevoeligheid, ongemanierdheid, ruwheid of onoprechtheid te bejegenen
– hen van egoïsme of egocentrisme te beschuldigen – hen ervan te beschuldigen zich tot martelaar te maken of anderen over zich heen te laten lopen – hen van traag handelen of besluiteloosheid te beschuldigen – als ze een mening uiten, hun ideeën weg te wuiven – niet met aandacht te luisteren als ze praten, of hen te onderbreken
– hen te beschuldigen van nietszeggendheid, zwakheid, gebrek aan strijdvaardigheid, onzekerheid of besluiteloosheid – te proberen hen te domineren of agressief de leiding over te nemen – hen met woede, luidruchtigheid, ruwheid of enige vorm van kracht aan te vallen – hen met ongeduld te bejegenen, of hen voortdurend in de rede te vallen
– kleinerend te doen over hun 'goedheid', vriendelijkheid, zorgzaamheid en eerlijkheid – zelfs al gebeurt dat indirect

Het kwetsbare zelfbeeld: het gedreven type

Dominante stemming: woede **Filter: verontwaardiging**

Ze zien zichzelf als:	**Daarom zullen ze in hun stemmingstaal:**
Vurig enthousiast	– assertief denken, praten en handelen – proberen leiding te geven, zodat alles op de 'goede' manier gebeurt – het 'publiek' bespelen en het, door telkens van onderwerp te veranderen, tot instemming manipuleren – hetzelfde blijven herhalen totdat het publiek 'reageert' – verontwaardigd reageren als de dingen niet op de 'goede' manier gebeuren
Snel van geest	– snel denken en handelen (snel verveeld raken, met ongeduld reageren) – snel conclusies trekken en beslissingen nemen, dan gericht handelen om tot resultaat te komen – genieten van intellectuele en emotionele 'spelletjes' – van onderwerp naar onderwerp springen en onverwacht van richting veranderen – bewondering hebben voor en graag redetwisten met waardige tegenstanders die hen kunnen volgen – snel verveeld raken en ongeduldig reageren op onderwerpen die hen niet interesseren
Scherpzinnig en opmerkzaam	– alleen op hun eigen waarneming vertrouwen, sceptisch tegenover andermans standpunt staan en verontwaardigd reageren als dat niet aansluit op dat van hen – hun ideeën met vastberadenheid, directheid en stelligheid brengen
Een hoofdopzichter die alles vanaf de kant gadeslaat en als geen ander weet hoe het eigenlijk zou moeten	– proberen anderen met manipulatie ertoe te bewegen de dingen op de 'goede' manier te zien

Katalysator: 'goed/fout'

Daarom worden ze tot afwijzing gebracht als je de 'fout' begaat:
– het spel niet volgens hun regels te spelen – niet enthousiast genoeg te reageren – je belangstelling voor hen en hun standpunten te verliezen – als een onwaardige tegenstander een tevergeefse poging te doen de leiding over te nemen (Gedreven typen kunnen dwaasheid slecht verdragen, of eigenlijk helemáál niet)
– hen niet te willen of kunnen volgen – hen te vervelen – hen te negeren – hen af te wijzen
– hun visie of mening in twijfel te trekken – hen te dwingen zichzelf op een andere manier te zien dan ze doen – met hun mening de spot te drijven
– kleinerend te doen over wie of wat ze denken te zijn

Het kwetsbare zelfbeeld: het analytische type

Dominante stemming: ontkenning **Filter: verwerping**

Ze zien zichzelf als:	**Daarom zullen ze in hun stemmingstaal:**
Nuchter en verstandig	– ernstig en stabiel zijn – koelbloedig, onverstoorbaar en niet af te leiden zijn – hun emoties goed in de hand hebben, in die ma dat ze 'van steen' lijken – zich ongemakkelijk voelen bij alles dat naar fri teit of domheid riekt – nauwelijks om zichzelf kunnen lachen
Rationeel en scherpzinnig	– duidelijk, beknopt en analytisch zijn in denken, handelen en praten – op nauwkeurige, geordende manier en uitsluite op basis van feiten conclusies trekken – op situaties reageren op basis van wat voor of t gen hen pleit, van wat wel of niet in hun voorde kan worden gebruikt – zonder af te dwalen en systematisch op hun doe afgaan – alles wat irrationeel of emotioneel is als onbela rijk of tijdverspilling afdoen
Direct en eerlijk	– denken, handelen en praten op directe en asser ve wijze, zonder berekende of 'beleefde' consid tie met andermans gevoelens – hun mening en gedrag beschouwen als de enige gische manier van denken en zich gedragen, en les wat hun denkwijze in twijfel trekt met mina ting bejegenen – zelfs weigeren toe te geven dat ze het wel eens kunnen hebben, tenzij het bewijs onweerlegba – soms uiterst koppig, dogmatisch of arrogant zij ze voor hun 'gelijk' opkomen.
Degene die de beslissingen neemt, die voortdurend bezig is met de planning en uitvoering van wat hij zich ten doel heeft gesteld	– alles met een structurele, doelgerichte nauwke heid inschatten en onderzoeken hoe het in hun voordeel kan worden gebruikt

Katalysator: 'rationeel/irrationeel'

Daarom worden ze tot afwijzing gebracht als je zo 'irrationeel' bent om:
– hen speels te benaderen met plagerige of schertsende 'onzin' – hevige emoties te tonen of je erdoor te laten leiden – hen van koel, onmenselijk, arrogant of overdreven ernstig gedrag te beschuldigen
– hun tijd te verdoen door van het onderwerp af te dwalen of met slecht doordachte opmerkingen of ideeën te komen – tegen hen te praten op basis van gevoelens – hen ervan te beschuldigen egoïstisch te zijn en er alleen maar op uit te zijn overal zoveel mogelijk uit te halen. – hen van ongevoeligheid of harteloosheid te betichten
– kritiek op hen te leveren – te proberen hen ertoe te dwingen hun eigen fouten anders te zien dan op hun logische manier – te proberen hen te controleren of te domineren
– kleinerend te doen over wie of wat ze denken te zijn

Het kwetsbare zelfbeeld: het elitaire type
Dominante stemming: depressiviteit **Filter: exclusiviteit**

Ze zien zichzelf als:	Daarom zullen ze in hun stemmingstaal:
Uiterst intellectueel	– met stijl en intellectueel raffinement denken, handelen en praten – geestelijk (en emotioneel) rusteloos zijn, altijd op zoek naar nieuwe vruchtbare ideeën – snel het geheel overzien en met visie tot 'grootse' oplossingen komen – altijd aan mogelijke gevolgen denken en de problemen hier en nu willen oplossen – ongeduldig en hooghartig reageren wanneer ze in hun voorstel anderen passeren
Superieur, uniek	– met hun aanwezigheid en stijl mensen en situaties domineren en beheersen – hun ego beschermen en de indruk wekken dat de hele wereld om hen draait – weinig gevoel voor anderen aan de dag leggen en niet eens proberen meer dan oppervlakkig en 'beleefd' contact te leggen – onberispelijk zijn in manieren, charme en smaak
Diepzinnig en complex	– afstandelijk en 'alleen' blijven, ervan overtuigd als ze zijn nooit een verwante ziel tegen te komen die hen kan begrijpen – hun ware gevoelens achter een masker verbergen – als 'een minderheid van één' kwetsbaar en gevoelig zijn voor aanvallen en onbegrip – voortdurend zinspelen op een onderliggend gevoel van depressiviteit, teleurstelling en melancholie.
Een vooruitziende denker die intuïtief direct tot in de kern van de zaak doordringt	– domineren door hun natuurlijke superioriteit en aristocratische afstandelijkheid

Katalysator: 'gepast/ongepast'

Daarom worden ze tot afwijzing gebracht als je de 'ongepastheid' begaat om:
– hen niet met gepaste eerbied te behandelen – hen op een intellectueel ongezonde, 'vage' manier als gelijke te benaderen – de indruk te wekken dat je een probleem alleen maar wilt bespreken, zonder het ter plekke op te lossen. – hun ballon lek te prikken door de waarde van hun grootse plannen in twijfel te trekken
– te proberen hen te leiden of van jouw manier van denken te overtuigen – hen van advies te dienen – de indruk te wekken jezelf als hun gelijke te beschouwen – hen op ruwe, onbehouwen of ordinaire manier te bejegenen – overdreven familiair of kameraadschappelijk te zijn
– de indruk te wekken dat je hen begrijpt, terwijl je dat duidelijk niet doet – in de hoedanigheid van vertrouweling niet te begrijpen dat hun depressie een manier is om aansluiting met je te krijgen, en hen te verraden door het belang ervan weg te wuiven, te negeren of niet in te zien
– kleinerend te doen over wie of wat ze denken te zijn

een combinatie van zijn gevoel van eigenwaarde en zijn 'karakter' zoals hij dat zelf ervaart; het is wat hem in zijn ogen voor jou 'aantrekkelijk' maakt.

Als je dat zelfbeeld onbewust of uit onachtzaamheid aantast, krijgt hij het gevoel dat je hem minderwaardig vindt en hem tot in het diepst van zijn ziel afwijst.

In de hiervoor afgedrukte schema's worden de gevoelige plekken in het kwetsbare zelfbeeld van elk persoonlijkheidstype aangegeven, samen met de 'vergrijpen' die afwijzing tot gevolg hebben.

Nu je weet waardoor elk persoonlijkheidstype tot afwijzing wordt gebracht, weet je ook wat je moet nalaten.

Er is echter een nog veel belangrijkere techniek, die alles wat je tot nu toe hebt geleerd samenvat en zinvol maakt: wat je feitelijk moet dóen om rechtstreeks door te dringen tot de persoon die je zo wanhopig graag wilt bereiken.

De taal van de ander leren spreken: afstemmen op de stemmingsfrequentie van elk persoonlijkheidstype

De belangrijkste vaardigheid die je met dit boek kunt opdoen, is het leren van andermans stemmingstaal.

Hiermee kun je op duidelijke, ondubbelzinnige wijze direct doordringen tot wie die ander in werkelijkheid is.

Met deze techniek stem je in feite op zijn golflengte af en spreek je zonder omwegen zijn onbewuste manier van denken en voelen aan.

De ander hoeft wat je zegt niet meer te interpreteren of te 'vertalen', want je spreekt zijn taal al. Hij kan zich de tijd en de moeite besparen om de betekenis van je woorden te doorgronden, want die betekenis ligt voor de hand en kan niet anders zijn dan ze is.

In het kindersprookje 'De sneeuwkoningin' is Gerda, de heldin, wanhopig op zoek naar haar vriend. Haar zoektocht voert haar door een woud, waar ze een raaf ontmoet. Gerda vraagt het dier of hij weet waar haar vriend is, en de raaf antwoordt: 'Ik zal het je zeggen... Verstond je maar raventaal, dan had ik het je beter kunnen zeggen.'

Met de techniek om op andermans stemmingsfrequentie af te stemmen, kun je niet alleen 'raventaal' verstaan, maar ook spreken. Deze techniek leert je vloeiend de taal te spreken van gevoels-, gedreven, analytische en elitaire persoonlijkheidstypen.

In de vier onderstaande schema's over het afstemmen op de dominante stemmingsfrequentie van elk persoonlijkheidstype vind je de regels om andermans taal te leren spreken. Leer ze van buiten en probeer ze telkens toe te passen als je met mensen praat die voor jou belangrijk zijn.

Het is van wezenlijk belang dat je, wanneer je reageert op iemand die jou afwijst, àl deze regels volkomen foutloos toepast; als je ze niet goed toepast, zul je die persoon niet tot acceptatie of, nog verder, tot wederzijdse acceptatie kunnen bewegen.

Als je deze regels volgt, zal de persoon die je probeert te leiden niet alleen tot acceptatie worden gebràcht, maar ook in een staat van acceptatie blíjven; hij zal openstaan voor elk idee dat je oppert. Hij vangt je signalen luid en duidelijk op zijn eigen golflengte op – zonder vervorming door anders georiënteerde signalen.

Afstemmen op de stemmingsfrequentie van een gevoelstype

Praat met hem over gevoelens; zelfs zijn logica is op emotie gebaseerd.

Let op zijn fysieke reacties; hij is niet in staat ook maar de geringste signalen van zijn stemmingstaal te onderdrukken.

Wees vriendelijk, beleefd en meelevend.

Praat langzaam en op zachte toon.

Kom met één idee per keer; hij heeft tijd nodig om een compleet beeld te krijgen.

Probeer hem niet te domineren of ergens toe te dwingen. Woede, luidruchtigheid, felheid, theatraal gedoe of ander extreem gedrag maken dat hij zich afsluit.

Wees geduldig, haast hem niet en val hem bij pauzes niet in de rede; hij is bij zichzelf aan het overleggen.

Vraag hem rechtstreeks wat hij denkt. Hij zal zelden uit zichzelf zijn mening laten horen.

Luister vooral naar wat hij zegt. Hij heeft zijn gedachten zorgvuldig overwogen en meestal komt hij met een gezonde, eerlijke oplossing, waarbij meer rekening met jouw dan met zijn eigen behoeften wordt gehouden.

Gezien hun voorliefde voor marchanderen en verzoening zijn gevoelstypen al tevreden als ze tachtig procent krijgen van wat ze willen. Geef je ze honderd procent, dan menen ze dat de weegschaal van geven en nemen te veel in hun voordeel doorslaat; in dat geval zijn ze pas tevreden als ze je 'tienvoudig' hebben terugbetaald.

Afstemmen op de stemmingsfrequentie van een gedreven type

Wees oprecht in woord en daad; hij houdt van dramatische, enthousiaste reacties.

Versnel je denkprocessen en praat sneller; zorg dat je hem bijhoudt.

Wees concreet, niet abstract, in wat je zegt. Neem je toevlucht tot voorbeelden uit de werkelijkheid om je standpunt of mening te staven; alles wat niet op de werkelijkheid is gebaseerd, zal hij terzijde schuiven.

Wees direct, bondig en kom snel ter zake; als je langdradig wordt, luistert hij niet meer.

Wees assertief en geef niet toe, anders beschouwt hij je als een zwakke tegenstander, die voor hem niet de moeite waard is.

Laat hem altijd het verloop en de richting van het gesprek bepalen, tenzij je er heel zeker van bent dat je het initiatief van hem kun overnemen en de verbale schermutselingen kunt winnen, die daarvan het gevolg zijn (in welk geval je bewondering zult oogsten).

Probeer vooral te genieten van zijn vitaliteit, kracht en vastberadenheid, en laat je erdoor meevoeren. Door zijn opmerkzaamheid zal hij vaak juiste conclusies trekken en met een goede oplossing komen, ook al probeert hij je op nogal opdringerige wijze van zijn zienswijze te overtuigen.

Door hun vurige enthousiasme willen gedreven typen dat ze voor honderd procent hun zin krijgen. Geef je ze echter die honderd procent op even vurige en enthousiaste wijze als ze vinden dat zou moeten, dan heb je grote kans dat ze alles weer even vurig en enthousiast aan je teruggeven alleen om te bewijzen dat je hen niet kunt overtreffen.

Afstemmen op de stemmingsfrequentie van een analytisch type

Gedraag je in geestelijk, emotioneel en fysiek opzicht rustig en beheerst; hij kan niet overweg met geagiteerd, fel of melodramatisch gedrag.

Bundel je mentale krachten, breng structuur aan in je gedachten en wees bij het praten gericht en geconcentreerd. Doe je dat niet, dan wordt hij ongeduldig en schuift hij alles wat je zegt terzijde.

Presenteer je ideeën duidelijk en bondig in de vorm van feiten – niet van meningen – die voor of tegen hem pleiten. Breng je ze op andere wijze, dan zal hij je van je betoog afbrengen of je simpelweg niet 'horen'.

Praat nooit vanuit je emoties en toon geen gevoelens; dit wordt door hem beschouwd als een zwakte zonder enige verstandelijke waarde.

Oefen nooit kritiek op hem uit; hij is niet in staat zichzelf te beoordelen en raakt door een dergelijke aanval volkomen van slag.

Confronteer of domineer hem niet, tenzij je heel zeker weet dat je hem op andere gedachten kunt brengen.

Prijs hem vooral om zijn rationaliteit en scherpzinnigheid, en gebruik deze kwaliteiten in je voordeel; zijn verstandelijke vaardigheden stellen hem in staat tot in het hart van de zaak door te dringen en van alles gedaan te krijgen.

Afstemmen op de stemmingsfrequentie van een elitair type

Behandel hem met respect en gepaste eerbied; hij wil dat je begrijpt dat hij bijzonder is.

Probeer hem niet te domineren of naar je hand te zetten; hij zal nooit accepteren dat je superieur of zelfs maar gelijkwaardig aan hem bent.

Wees helder en geconcentreerd in je denken als je met hem praat; zelfs op minieme vergissingen reageert hij met afwijzende minachting.

Zie de 'grote lijnen'; details zijn alleen belangrijk voor zover het middelen zijn om een doel te bereiken.

Bezie de grote lijnen vanuit elk perspectief: intellectueel en emotioneel, theoretisch en praktisch, persoonlijk en onpersoonlijk; alles wat hem op de juiste wijze wordt gepresenteerd, kan hij verwerken en waarderen.

Wees nooit onbeleefd, lomp, slechtgemanierd of onbehoorlijk; hij zal je op heel beleefde, uiterst welgemanierde en beschaafde wijze neerhalen.

Als je van hem houdt en wilt dat hij van jou houdt, zorg dan dat je te allen tijde op zijn depressiviteit reageert; het is zijn manier om zichzelf met je te delen.

Vergeet vooral niet dat het elitaire type een combinatie is van alle andere persoonlijkheidstypen (gevoels-, gedreven en analytisch type) en dat – als je geduld met hem hebt – hij je kan brengen waar nog niemand je is voorgegaan.

9

De ander in een staat van acceptatie houden

Nu de persoon die je het dierbaarst is tot acceptatie is gebracht, volgen hier enkele tips om hem daar te laten blíjven.

Blijf afgestemd op zijn stemmingsfrequentie: spreek zijn taal

Volg de regels om elk persoonlijkheidstype op zijn eigen manier te benaderen en pas je eigen stemmingsfrequentie aan die van de ander aan.

Als jij bijvoorbeeld van het gevoelstype bent en de ander van het gedreven type, praat en denk dan als een gedreven type. Ben jij een gedreven type en de ander een gevoelstype, praat en denk in dat geval als een gevoelstype.

Versterk zijn zelfbeeld

Laat – met het persoonlijkheidstype van de ander in gedachten – merken dat je bewondering en waardering hebt voor datgene waarin hij goed denkt te zijn.

Misschien zijn het geen dingen die je werkelijk in hem bewondert of waardeert (wat jij met jouw persoonlijkheidstype in hem bewondert of waardeert, kan iets totaal anders zijn), maar in zíjn visie zijn het dat wel. Aangezien je hem op zíjn manier benadert, zijn dat de zaken waarop je je moet concentreren.

Als je vindt dat wat je zegt gekunsteld en 'vals' klinkt, onthoud dan dat de ander het niet op die manier aanvoelt. Hij hoort precies wat hij altijd al heeft willen horen.

Natuurlijk doen de richtlijnen hierna enigszins gemaakt aan. Pas ze aan je eigen spreekstijl, je gesprekspartner en de omstandigheden waaronder het gesprek plaatsvindt aan.

Probeer elk van onderstaande zelfbeeld-bevestigende teksten uit; je zult versteld staan van de verbazingwekkende reactie die ze teweegbrengen.

Wat je tegen wie moet zeggen

Zeg (op warme toon) tegen het gevoelstype:
'Wat ik het meest in je bewonder, is dat je zo attent bent ten opzichte van anderen. Je probeert niemand te kwetsen en benadert iedereen met zorgzaamheid – zelfs als ze het niet echt verdienen.'

'Je probeert nooit anderen te domineren of onder controle te houden. Je luistert altijd naar wat ze te zeggen hebben, en gaat daar heel zorgvuldig mee om.'

'Je laat je niet als zoveel anderen opjagen, en neemt geen beslissing zolang je niet van alle feiten op de hoogte bent. Je komt pas tot een besluit als je de zaak van alle kanten hebt overwogen.'

'Je bent altijd zo begaan met het welzijn van een ander, dat ik me wel eens zorgen maak. Misschien moest je eens één keer eerst aan jezelf denken.'

Zeg (op openhartige toon) tegen het gedreven type:
'Wat ik het meest in je bewonder, is de enthousiaste wijze waarop je bij de dingen betrokken bent.'

'Als er ergens problemen zijn, kan ik er altijd van opaan dat je ze snel en doeltreffend oplost. Je lijkt honderd-en-een beslissingen tegelijkertijd te kunnen nemen – en ze zijn nog allemaal goed ook.'

'Je zegt altijd dat je niet hard genoeg werkt, maar ik ken niemand die zo hard werkt als jij. Alles wat je doet, gebeurt doordacht en toch met enthousiasme.'

'Ik bewonder je vooral omdat je zo onafhankelijk bent, een echt leiderstype.'

Zeg (op serieuze toon) tegen het analytische type:
'Wat ik het meest in je bewonder, is dat je in tijden van crisis zo koelbloedig blijft. Je hebt altijd alles – inclusief jezelf – onder controle. Ik kan er altijd van opaan dat je de zaken tot een goed einde brengt.'

'Ik waardeer het zoals jij voor je overtuigingen opkomt; je krabbelt werkelijk nooit terug. En nooit zul je liegen of de waarheid verbloemen – je zegt precies wat je denkt.'

'Je gaat zo systematisch en gericht te werk, geen wonder dat je altijd aan de top eindigt.'

'Ik heb er werkelijk bewondering voor, zo geduldig als jij naar de meest gecompliceerde ideeën kunt luisteren en er dan ook nog zonder enig probleem wijs uit wordt.'

Zeg (met respect) tegen het elitaire type:
'Wat ik het meest in je bewonder, is dat je dingen kunt laten gebeuren die niemand anders gedaan krijgt.'

'Ik ken werkelijk niemand die me in intellectueel opzicht zó weet te stimuleren. Alles wat je doet, breng je met stijl en karakter.'

'Geen wonder dat je altijd aan de top eindigt; het is werkelijk uniek zoals jij tot in de kern van de zaak weet door te dringen.'

'Je bent de meest charismatische persoon die ik ooit heb ontmoet.'

'Ik ga hier wel zitten.' De juiste plek voor maximaal effect

Alle mensen richten hun aandacht in fysieke zin bij voorkeur naar één kant, links of rechts. Vanuit die hoek en dat perspectief voelen ze zich zekerder in hun omgang met anderen, of zelfs alleen bij het luisteren naar hen.

Welke kant de voorkeur heeft, hangt af van welke kant van de hersenen het meest wordt gebruikt. De rechterhersenhelft herbergt intuïtie, emoties en motoriek, en de linkerkant biedt plaats aan de cognitieve functies. De rechterhersenfuncties verwerken een grote verscheidenheid aan visuele, emotionele en sensoriële informatie als één geheel; de linker hersenhelft verwerkt de afzonderlijke feiten in logische volgorde.

Hoewel we op beide hersenhelften een beroep doen, hebben we allemaal vanaf onze geboorte een dominante hersenhelft. We hebben geleerd om de functies van beide helften te gebruiken, maar toch gaat onze voorkeur uit naar één van de twee. Als we ons anders willen voordoen dan we zijn, doen we een beroep op beide hersenhelften. Als we daarentegen 'onszelf' zijn, of als we – door stress gedwongen – ons tot in de kern van onze persoonlijkheid terugtrekken, nemen we onze toevlucht tot de hersenhelft waarin we ons het meest thuis voelen.

De linkerhersenhelft controleert de functies aan de rechterkant van ons lichaam en de rechterhersenhelft die aan de linkerkant.

Gevoelstypen – die bij voorkeur hun rechter hersenhelft gebruiken, waar ze kunnen nagaan wat voor 'gevoel' iets hun geeft – zullen als ze met behulp van die hersenhelft iets overwegen, altijd naar links kijken. Als ze het oogcontact verbreken, kijken ze doorgaans in die richting.

Wil je dus de volledige aandacht van een gevoelstype krijgen, zorg er dan voor dat je iets links van hem zit of staat.

Een gevoelstype – mits in een staat van acceptatie – heeft er geen bezwaar tegen als je heel dicht bij hem zit, dus neem iets links van hem plaats en kijk hem ontspannen aan, zodat hij zich verzekerd weet van je belangstelling.

Analytische typen – die zich prettiger voelen als ze hun linkerhersenhelft gebruiken, waar ze de feiten nauwkeurig en op structurele en verstandelijke wijze kunnen 'analyseren' – zullen als ze die kant van hun hersenen gebruiken om ideeën te verwerken altijd naar rechts kijken. Als ze hun blik afwenden, zal het dan ook meestal die kant op zijn.

Als je dus de volledige aandacht van een analytisch type wilt, moet je iets rechts van hem gaan staan of zitten.

Zelfs analytische typen die in een staat van acceptatie zijn, houden hun emotionele reacties op intimiteit onder controle. Kom daarom niet te dicht bij hen in de buurt, tenzij je uit ervaring weet dat ze emotioneel niet afwijzend op je nabijheid reageren. Blijf ze aandachtig aankijken en knik af en toe om te laten zien dat je hun logica kunt volgen.

Gedreven typen, die heen en weer springen tussen beide hersenhelften, gebruiken bij stress en wanneer ze in een staat van acceptatie verkeren voornamelijk hun linker hersenhelft. Wanneer ze snel informatie verwerken op zowel emotionele als cognitieve wijze, functioneert de linker hersenhelft – die feiten analyseert – uiteindelijk als scheidsrechter. Ze zullen dan ook meestal naar rechts kijken.

Om de aandacht van een gedreven type vast te houden, moet je iets rechts van hem gaan staan of zitten.

Omdat gedreven typen enthousiaste mensen zijn die zich graag dramatisch uitdrukken, kun je de afstand tussen jullie het beste variëren, zodat je gesprekspartner zich niet te snel verveelt. Kijk hem wakker en alert aan, pas de richtlijnen uit 'Afstemmen op de stemmingsfrequentie van een gedreven type' toe, en je zult zijn volledige aandacht hebben.

Elitaire typen, die kunnen denken en voelen op de manier van de drie andere typen, gebruiken beide hersenhelften. Hun denkmethode is een mengeling van de methoden van de drie andere typen, wat hun een vollediger inzicht verschaft.

Als ze onder grote spanning staan, kennen elitaire typen maar twee versnellingen: vol gas vooruit of vol gas achteruit (hevige woede of diepe depressie). In een staat van acceptatie zijn ze in emotioneel en rationeel opzicht 'onopvallender' en in mindere mate een 'karakteristieke persoonlijkheid' dan de andere typen.

Bij een elitair type kun je gaan staan of zitten waar je maar wilt. Let echter goed op zijn oogbewegingen; zie je dat hij voornamelijk een bepaalde kant opkijkt, ga dan vooral aan die kant staan of zitten.

Fysiek contact, ja of nee?

Zodra iemand in een staat van acceptatie is, is hij bereid zich met de ander te 'delen', en dat gaat gemakkelijker en vanzelfsprekender als hij de ander kan aanraken. Als twee mensen fysiek met elkaar in contact staan, voelen ze zich beiden minder eenzaam. Er gaat een troostende, geruststellende, beschermende en liefdevolle werking van uit.

Ook heeft men ontdekt dat wanneer je iemand aanraakt als je hem iets vraagt, er meer kans is dat hij aan je verzoek voldoet.

Toch reageert elk persoonlijkheidstype anders op fysiek contact, zowel met vage kennissen als met mensen die hij goed kent en liefheeft.

Mensen van het gevoelstype hebben er weinig bezwaar tegen door niet-bedreigende vreemden en kennissen in het sociale verkeer te worden aangeraakt, maar gedreven typen hebben daar veel moeite mee en houden liever afstand. Analytische typen, die geen speciaal emotioneel belang hechten aan sociale aanraking, maakt het niets uit. Elitaire typen ten slotte staan sociale aanraking uitsluitend toe als het gepast is.

In aanwezigheid van mensen die voor hen van belang zijn, reageren de persoonlijkheidstypen echter anders. Bij een beginnend conflict willen gevoelstypen niet worden aangeraakt. Ze hebben tijd nodig om hun gevoelens te onderzoeken zonder daarbij door aanraking te worden afgeleid.

Gedreven typen daarentegen kunnen door een openhartige omhelzing en een directe, welgemeende verontschuldiging bij een beginnend conflict onmiddellijk worden gesust en tot acceptatie worden gebracht. Probeer het maar eens uit bij het gedreven type in je leven. Het werkt wonderbaarlijk.

Als analytische typen bij iemand zijn die ze vertrouwen en liefhebben, voelen ze niet langer de behoefte hun emoties onder controle te houden en kunnen ze werkelijk genieten van aanraken en aangeraakt worden.

De elitaire typen die samen zijn met iemand aan wie zij zich willen blootgeven, voelen zich door aanraking bijzonder op hun gemak en veilig.

Voor alle persoonlijkheidstypen – mits ze in een staat van acceptatie verkeren – geldt, dat er bepaalde non-verbale signalen zijn die aangeven dat ze naar aanraking hunkeren. Als je twee of meer van de volgende signalen herkent, ga dan dichter naar de persoon van wie je houdt toe en raak hem lichtjes aan of omhels hem teder.

- Een of beide handen wordt met naar boven gekeerde handpalmen in de schoot gelegd.
- Met naar buiten gekeerde handpalm worden haren uit het gezicht gestreken (meestal bij een vrouw).
- Huilen
- De lippen veranderen van kleur terwijl ze vijftien tot dertig seconden stevig op elkaar worden geperst.
- De mond valt open er is een luide zucht hoorbaar.
- Beide schouders hangen naar beneden.
- De kin wordt met één hand ondersteund en er verschijnt een glimlach rond de mond.
- De ogen worden naar het plafond gericht, het knippertempo is sterk vertraagd.
- De ander steekt zijn hand uit of raakt je aan.

Uit ervaring zul je weten op welke vorm van contact de persoon die voor jou belangrijk is het meest is gesteld. Let goed op zijn reactie en controleer vooral of hij jou ook aanraakt. Is dat niet het geval, houd dan iets meer afstand. De ander laat beslist merken wanneer hij bereid is zich met je te 'delen'.

Onthoud wie de ander is en wie je zelf bent

Onthoud dat de vier persoonlijkheidstypen dezelfde informatie op heel verschillende manieren verwerken.

Gevoelstypen nemen de hele situatie in ogenschouw. Ze houden overal rekening mee en weven, op een voor hen zinvolle manier, alles langzaam en zorgvuldig aaneen. Daarna onderzoeken ze hun 'gevoel' erover.

Gedreven typen halen de aspecten naar voren die in hun ogen het belangrijkst zijn en hebben voor de rest geen belangstelling. Vervolgens beslissen ze over 'goed' of 'fout'.

Analytische typen extraheren de feiten, vormen deze systematisch tot een geheel en trekken een rationele conclusie, die 'voor' of 'tegen' hen pleit.

Elitaire typen passen al deze technieken toe.

Dit is allemaal al behandeld in 'Afstemmen op de stemmingsfrequenties', maar als je ervoor wilt zorgen dat de persoon die je het dierbaarst is in een staat van acceptatie blíjft, vergeet dan vooral niet dat je je gedachten en ideeën op zijn manier, en niet op de jouwe, moet presenteren. Bedien je van zíjn taal.

'Zie je wat ik hoor?' Maak gebruik van de manier van informatieverwerking van de ander

We gebruiken al onze zintuigen – gezicht, gevoel, gehoor, reuk en smaak – om informatie te verwerken, maar sommigen gaan vooral op beelden af en anderen op wat ze horen. Waar de een informatie als een reeks beelden opneemt, neemt een ander die op als een opeenvolging van geluiden, tonen of klanken.

Om vast te stellen waar de ander het meest op afgaat, moet je hem vragen iets te vertellen over een leuke gebeurtenis, zeg een dagje aan het strand. Let dan goed op of hij vooral praat over wat hij heeft gezien of over wat hij heeft gehoord. (Bijvoorbeeld, ziet of hoort hij de golven op het strand breken?)

Als de ander vooral zijn ogen gebruikt, praat dan steeds met hem in termen van beelden. Gaat hij op zijn gehoor af, praat dan steeds met hem in termen van geluid.

Deze visuele of auditieve beeldvorming staat los van het persoonlijkheidstype, en je kunt haar gebruiken om met alle typen beter te communiceren en hun gevoelens van acceptatie te verhogen.

We hebben degene die het dichtst bij ons staat en ons misschien wel het dierbaarst is er nu van overtuigd dat we van hem houden; wat ons nog te doen staat, is hem laten merken dat wij op onze beurt graag net zo worden bemind. We kunnen dit bereiken door de laatste fase van de techniek van begrijpen, reageren en responderen toe te passen.

Geeuwen

Geeuwen wordt doorgaans beschouwd als een uiting van vermoeidheid, lusteloosheid of verveling.

Deze beschrijving is echter niet helemaal compleet. Mensen, vooral jongeren, geeuwen ook als gevolg van stress. Dat doen ze om de spanning te laten afvloeien.

Een kind dat een uitgebreid standje krijgt en niet in staat is zijn frustratie of woede te uiten door onrustig te wiebelen of iets terug te zeggen, zal vaak (en schijnbaar volkomen ongepast) met een grote geeuw reageren. Hoe meer spanning, hoe heviger het gegeeuw: soms begint het over zijn hele lijfje te trillen.

Het komt voor dat jonge volwassenen in een moeilijke periode in hun relatie plotseling meer geeuwen dan normaal om de spanning van hun opgekropte gevoelens te laten afvloeien.

Dus als je partner op het verkeerde moment begint te geeuwen, ga er dan niet klakkeloos van uit dat hij moe of verveeld is: een geeuw kan meer om het lijf hebben.

Een opmerking over huilen

Vrouwen huilen vaker dan mannen. Ze kunnen niet anders. Bij vrouwen leidt stress tot een opeenhoping van de hormonen prolactine en adrenocorticotropine, die met de tranen fysiek worden afgevoerd.

Tot de puberteit huilen jongens en meisjes even vaak. Na de puberteit, wanneer de hormonale invloeden van beide geslachten verschillend zijn, is het prolactinegehalte in het bloed bij meisjes zestig procent hoger dan bij jongens.

Een vrouw die onder spanning staat, voelt zich emotioneel opgelucht wanneer ze met tranen van woede, verdriet of vreugde het teveel aan chemicaliën en hormonen kwijtraakt. Een man hoeft zich niet van een dergelijk overschot te ontdoen en zal alleen bij extreem verdriet tranen vergieten.

Het heeft dus weinig zin in een relatie de man aan te raden zijn 'emotionele gevoeligheid' tot uitdrukking te brengen door meer te huilen. Dat is voor hem simpelweg onmogelijk.

DEEL DRIE

Begrijpen, reageren en responderen

10

Respons bewerkstelligen

'Nu is het mijn beurt.' De ander begrip voor jou bijbrengen

Zoals iedere tiener met een onbeantwoorde, uitzichtloze liefde je kan vertellen, is liefhebben alleen niet genoeg. We moeten ook liefde terugkrijgen.

Iedereen verlangt ernaar bemind, begrepen en op waarde geschat te worden.

Het is natuurlijk heel aardig om intens begrip op te brengen voor iemand van wie we houden, maar in ons hart doen we dat ook om gedaan te krijgen dat de ander in ruil daarvoor intens begrip voor òns opbrengt. We hebben allemaal wel eens de behoefte om uit te roepen: 'En ik? Krijg ik dan niets?'

Tot nu toe hebben we in onze poging de persoon die we liefhebben te begrijpen en goed op hem te reageren, onze eigen stemming geneutraliseerd en ons geconcentreerd op het afstemmen op zijn stemmingsfrequentie; ten behoeve van die persoon hebben we wie en wat we zijn stevig onder controle gehouden.

Dat betekent dat slechts de helft van 'ons' wordt bemind en begrepen.

Afhankelijk van ons persoonlijkheidstype zullen we vroeg of laat het gevoel krijgen dat deze voortdurende eenzijdigheid 'oneerlijk', 'verkeerd', 'irrationeel' of 'ongepast' is en treedt onze katalysator om tot afwijzing over te gaan in werking.

Nu is het onze beurt om te worden begrepen en bemind om wie en wat we zijn. We willen dat de persoon aan wie we zoveel tijd hebben gespendeerd, inziet dat onze kijk op de wereld heel anders is dan die van hem, maar evengoed begrip verdient en gerechtvaardigd is.

Dit is niet zomaar een wens, maar een hevig verlangen. We verlangen ernaar dat we op ònze manier worden bemind, op ònze stemmingsfrequentie worden aangesproken en dat op ònze manier aan onze behoeften wordt voldaan. We willen dat de ander begrijpt waarom we de dingen op onze manier doen. Het is niet genoeg als hij ons 'vergeeft' dat we anders denken, praten, doen en voelen dan hij, of bereid is daar 'rekening mee te houden'. We willen worden begrepen, geaccepteerd en gewaardeerd om wie en wat we zijn. En we willen worden bemind om wie en wat we echt zijn.

Nu we de fasen van begrijpen en reageren hebben gevolgd, hebben we geleerd hoe we de ander kunnen liefhebben. Nu moeten we hem leren liefdevol op ons te responderen.

Hoe kunnen we de ander nu leren ons op dezelfde oprechte en begripvolle manier lief te hebben als wij hem liefhebben, en de onderlinge verschillen te waarderen?

Verschillende werelden, vreemde landschappen: proberen in elkaars schoenen te gaan staan

Voordat we een ander ertoe kunnen brengen ons volledig lief te hebben en te accepteren, moeten we hem duidelijk maken hoe fundamenteel de verschillen tussen ons zijn.

We moeten hem laten zien dat hij anders praat en handelt dan wij, doordat hij anders denkt en voelt. We moeten hem duidelijk maken dat onze kijk en reactie op de wereld altijd anders zijn geweest dan die van hem, en dat dat altijd zo zal blijven.

We weten dat de ander nooit onze plaats kan innemen en de wereld door onze ogen kan aanschouwen, evenmin als wij dat bij hen kunnen. Toch kunnen we, op dezelfde manier als waarop we hebben geleerd de wereld door de lens van hun dominante stemming te bekijken, hun leren de wereld op ònze manier te zien.

Het gaat er niet alleen om met elkaar 'van plaats te wisselen', ook al gebeurt dat met welwillendheid en wederzijds inlevingsvermogen. Bij relatietherapie wordt vaak aan beide echtgenoten gevraagd in de schoenen van de ander te gaan staan en zich vervolgens af te vragen: Als ik deze persoon was, wat zou ik dan denken? Hoe zou ik me voelen? Wat zou ik wensen? Wat zou ik graag doen? Wat voor conflicten zou ik hebben?

Het is een van de meest toegepaste technieken, een fundamenteel onderdeel van relatietherapie, die soms werkt – maar alleen als de partners dezelfde persoonlijkheid hebben, de wereld met dezelfde dominante stemming en door hetzelfde filter bekijken en, op hun geslacht na, zo goed als identiek zijn.

We hebben echter al eerder geconstateerd dat het niet vaak voorkomt dat mensen van hetzelfde persoonlijkheidstype zich tot elkaar aangetrokken voelen. Wat een relatietherapeut doorgaans voor zich ziet verschijnen, zijn niet twee perfecte 'klonen', maar twee heel verschillende, vechtende mensen die elkaar totaal niet begrijpen. Twee individuen die onmogelijk hetzelfde kunnen denken, voelen of ervaren. Daarom zal geen enkele zachte verzoeningsmethode die gebaseerd is op een allesomvattende en op iedereen toepasbare techniek in de praktijk ooit werken.

Alleen al om deze eenvoudige reden is relatietherapie, evenals de huwelijken die ze probeert te redden, steeds tot mislukken gedoemd.

Carl en Suzanne: een analytisch type en een gevoelstype

Carl en Suzanne, een getrouwd stel, probeerden vóór hun onvermijdelijke tragische scheiding zes maanden lang met behulp van relatietherapie hun problemen op te lossen. Apart genomen zijn het aardige mensen, die prettig in de omgang zijn. Als getrouwd stel werden ze een ramp voor zichzelf en verder voor iedereen die hen kende.

Carl, een analytisch type, is hoffelijk, charmant en een fascinerende gesprekspartner met een scherpe intelligentie en een eindeloze voorraad grappige anekdotes.

Suzanne, een gevoelstype, is goed opgeleid, ontwikkeld en van nature vriendelijk en attent; ze weet met haar hartelijkheid iedereen op zijn gemak te stellen.

Toen ze elkaar ontmoetten, was hij een bekende sportverslaggever en had zij naam gemaakt als ontwerpster van sportartikelen. Ze leken voor elkaar geschapen: zijn afgemeten en directe manieren werden verzacht door haar rustiger en behoedzamer benadering, en haar soms wat abstracte manier van denken werd aangescherpt door zijn ruwere, concretere denkwijze.

Het waren allebei heel aantrekkelijke, stimulerende mensen, bij wie je je onmiddellijk prettig voelde. Hun vrienden waren dan ook dolgelukkig toen ze trouwden.

Vrijwel meteen na de bruiloft besloten ze allebei hun baan op te geven en een sportschool voor aerobics en fitness – een van hun passies – op te zetten, zodat ze niet alleen samen zouden leven, maar ook samen zouden werken.

De eerste paar jaar werkten ze wel achttien uur per dag om hun zaak tot een commercieel succes te maken, en hun relatie en liefde voor elkaar bleken rotsvast te zijn. Carl nam de logistiek voor zijn rekening, beheerde de financiën en was belast met de aankoop van materiaal; Suzanne hield zich bezig met public relations, reclame en het aannemen van personeel.

Carl vond dat Suzanne (door de warme, begripvolle toon in haar advertenties) goed was in het aantrekken van klanten die gewoonlijk te verlegen waren om van een fitnessruimte gebruik te maken. Ook had ze personeel ingehuurd dat opmerkelijk loyaal was en zó'n prettig sfeertje wist te scheppen, dat de klanten niet alleen bleven terugkomen, maar ook vrienden introduceerden.

Suzanne waardeerde de manier waarop Carl (met zijn doordachte planning en soepele efficiency) de zaak zo snel had opgezet en tot een succes had gemaakt.

Iedereen was van mening dat de twee op weg waren naar grote rijkdom en succes, en dat klopte: ze verdienden veel geld, konden een manager aantrekken en de helft van hun werk uit handen geven, zodat ze het wat rustiger aan konden doen en meer van elkaars gezelschap konden genieten.

Op dat moment verschenen de eerste barstjes in hun relatie. Toen ze nog achttien uur per dag werkten en beiden door hun eigen werkzaamheden volledig in beslag werden genomen, hadden ze elkaar bemind, gerespecteerd en bewonderd. Nu ze zich echter de luxe konden permitteren om uit hun eigen vakgebied te stappen en de werkzaamheden van de ander aan een nauwkeurig onderzoek te onderwerpen, begonnen de problemen.

Carl vond dat Suzanne te soepel omging met het personeel: als iemand eens een keer te laat was, hield ze geen salaris in; ze stond toe dat ze boodschappen deden onder werktijd en ze leek niet in staat hun (in zijn ogen) al te vriendschappelijke houding onder controle te houden. Ook had hij er problemen mee dat ze zoveel tijd aan de klanten besteedde.

Suzanne vond op haar beurt dat Carl in zijn omgang met leveranciers te 'koel en zakelijk' was; met zijn krenterigheid deed hij alle goodwill teniet die zij had opgebouwd, en ze had problemen met zijn (voor haar gevoel) kwetsende, onbekommerde houding tegenover haar personeel.

Op dit punt begonnen ze elkaar voor het eerst op de zenuwen te werken. Ze raakten elkaar op hun 'gevoelige plek', wat pijnlijk onverwachte reacties tot gevolg had.

Vanwege het meer assertieve en directe karakter van zijn persoonlijkheid zei Carl precies wat hij dacht, waardoor hij Suzanne onbewust diep kwetste. Zij vond het 'niet eerlijk' dat hij haar persoonlijk aanviel.

Vanwege haar minder confronterende en meer verzoenende houding kreeg Suzanne het gevoel niet tegen Carl opgewassen te zijn. Ze viel hem dan ook niet rechtstreeks aan, maar liet hem op indirecte wijze weten hoe ze over hem dacht. Hij begreep niet wat ze bedoelde. Hij vond dat ze 'irrationeel' handelde en voelde zich persoonlijk aangevallen.

Geleidelijk kreeg Carl steeds meer de touwtjes in handen, niet alleen op zakelijk gebied maar ook in hun privé-leven. Suzanne had het gevoel dat ze steeds sterker werd gedomineerd en reageerde haar frustraties op hem af. Ook zocht ze warmte en begrip bij enkele mannelijke trainers van de sportschool, en bracht ze meer tijd bij hen door.

Ze voelden zich beiden ellendig, volkomen verkeerd begrepen en onrechtvaardig behandeld. Als ze alleen waren, maakten ze onophoudelijk ruzie en ondanks hun pogingen de schijn op te houden, begonnen hun vrienden het in de gaten te krijgen.

Ongeveer een jaar later barstte de bom. Op zijn verjaardagsfeestje kreeg Carl van een vriend een antiek backgammonbord dat hij op een vlooienmarkt had gevonden. Carl, die werkelijk verslaafd was aan het spel en het speelde met een intensiteit en ernst die (volgens Suzanne) in geen verhouding stonden tot de weddenschappen van vijftig cent die hij ervoor afsloot, beefde van opwinding bij het zien van zo'n waardevol cadeau. Terwijl hij het bord in zijn ene hand hield en de dure zijden overhemden van Suzanne in de andere, alsof hij beide geschenken tegen elkaar afwoog, zei hij: 'Dit is nu een ècht cadeau! Waarom kun jij me nou niet zo iets geven?'

Hoewel de glimlach op haar gezicht bevroor en veel gasten zich opgelaten voelden met de situatie, had Carl totaal niet in de gaten dat hij Suzanne ten overstaan van al hun vrienden diep – en op onvergeeflijke wijze – had vernederd.

Na dat incident sloot ze zich volledig voor hem af. Hun huwelijk was wat Suzanne betrof voorbij. Slechts met tegenzin stemde Suzanne in met een laatste wanhopige poging om te kijken of ze met behulp van een professionele relatietherapeut nog iets konden redden van wat er tussen hen was geweest.

Het misverstand om net als de ander te willen zijn: waarom huwelijkstherapie vaak faalt

Tijdens de eerste therapeutische sessie kregen Suzanne en Carl als opdracht het verjaardagsincident na te spelen waardoor Suzanne zo van streek was geraakt, waarbij ze elkaars plaats moesten innemen.

Suzanne moest de woorden: 'Dit is nu een ècht cadeau! Waarom kun jij me nou niet zo iets geven?' precies zo uitspreken als Carl ze had gezegd.

Bij het herhalen van die woorden, bracht Suzanne een subtiele verandering aan: 'Dìt is nu een echt cadeau! Waarom kun jíj me nou [nooit] zoiets geven?' Ze liet het klinken alsof Carl haar op boosaardige wijze van zelfzuchtigheid, gierigheid, onverschilligheid of laaghartigheid had beschuldigd.

Carl reageerde verbijsterd op deze interpretatie.

Toen werd hem gevraagd de woorden te herhalen zoals hij ze daadwerkelijk had uitgesproken, zodat Suzanne zich in zijn plaats kon stellen. Hij herhaalde ze alsof het om een zuiver objectieve analyse van de waarde van twee geschenken ging.

Suzanne was ontsteld, maar hij begreep niet waarom.

Toen legde de huwelijkstherapeut uit dat ze allebei nog steeds zichzelf waren. Om de therapie goed te laten werken, moesten ze proberen de ander 'te worden'; ze moesten de rol van hun partner spelen om zich in de gevoelens van die ander in te leven. Suzanne moest zich 'voelen' zoals Carl zich had gevoeld toen hij zijn woorden uitsprak, en Carl moest zich 'Suzanne' voelen bij het aanhoren van die woorden.

Hoezeer ze ook hun best deden geen eigen draai te geven aan elkaars woorden, konden ze in hun hart niet geloven dat er geen sprake was van kwaadaardigheid of slechte bedoelingen.

Voor Carl ging het om een onzinnige situatie; hij had alleen maar een feit geconstateerd. Het was de waarheid, vergeleken bij de overhemden wàs het backgammonbord duidelijk een betere geschenkkeuze. Hoe kon iemand zich gekwetst voelen door het vaststellen van een duidelijk feit? Hij stoorde zich aan Suzannes overdreven emotionele reactie en vond haar gewoon dom.

Hij gaf weliswaar toe dat hij, zoals hij haar kende, had moeten weten dat ze door een dergelijke opmerking van streek zou raken, maar kon zich toch niet beter in haar positie verplaatsen dan zij zich in de zijne.

Als gevoelstype kon Suzanne, die veel gevoeliger was voor emotionele dan rationele overwegingen, nooit de ommekeer van honderdtachtig graden maken die nodig was om op Carls manier te denken.

In de hoop dat ze uiteindelijk enig inzicht zouden krijgen in de werkelijke oorzaak van de brede kloof tussen hen, bleven ze toch nog zes maanden in therapie, waarin ze ijverig rollen omkeerden, vurige discussies voerden, elkaar 'adempauzes' gaven, hun innerlijke 'zelf' blootlegden, de ander in zijn wensen volgden en zelfs seksspelletjes deden.

Het mocht niet baten. Uiteindelijk besloten ze elkaar van de intense eenzaamheid binnen hun relatie te bevrijden en het huwelijk te verbreken.

Wie we echt zijn, kunnen we alleen delen met de persoon die we liefhebben

Zonder een vèrgaand inzicht in hun heel verschillende persoonlijkheidstrekken en bijna tegengestelde dominante stemmingen konden Carl en Suzanne elkaar met geen mogelijkheid anders zien dan als uiterst 'irrationeel' respectievelijk 'oneerlijk' en wreed.

Hoe kan dan een vreemde, al is het een goedbedoelende en ervaren therapeut, verwachten dat hij hun wèl inzicht in hun onderlinge verschillen kan geven? De therapeut, die deze fundamentele verschillen zelf niet begreep en hen via zijn eigen dominante stemming en filter beoordeelde, kon hun nooit leren opnieuw te ontdekken wat het was dat hen zo in elkaar aantrok.

Ze moesten het, zoals alle anderen in de wereld, helemaal zelf uitzoeken.

Geen enkele persoon, opgeleid of niet, weet wie we ècht zijn, behalve wijzelf. Geen enkele persoon kan degene die we liefhebben, uitleggen wie we ècht zijn, behalve wijzelf. Niemand anders kent onze diepste angsten, onze verborgen onzekerheden, onze onuitgesproken tekortkomingen, onze diepste behoeften, onze vurigste verlangens, onze hoop en onze dromen. Toch kunnen (en willen) we dit intiemste deel van wie we werkelijk zijn pas delen met degene die we liefhebben, als we voelen dat die persoon ons op ònze manier begrijpt.

Met andere woorden, de ander moet in staat zijn de wereld door onze lens te bekijken en vanuit dat gezichtspunt begrip op te brengen voor wie we zijn en waarom we de dingen op onze manier zeggen en doen. We willen dat hij ziet dat we misschien niet degene zijn die hij dacht dat we waren, louter een weerspiegeling van zichzelf, maar een heel eigen persoon – complex, eigenaardig, anders en vooral op zichzelf staand.

Voor een complete, diepe en echt wederzijdse relatie moet de ander van ons houden om wie we in werkelijkheid zijn.

Deze wederzijdse respons, de laatste fase van de techniek van begrijpen, reageren en responderen, is de sleutel tot waarachtig wederzijds begrip en liefde.

Toen we onze techniek aan het ontwikkelen waren, vroegen we Carl en Suzanne, toen twee jaar gescheiden, of ze er iets voor voelden die te testen. Beiden stemden toe, maar omdat ze nog steeds verbitterd en gekwetst waren, wilden ze de techniek ieder apart leren.

Naarmate ze meer vertrouwd raakten met hun eigen persoonlijkheidstype en dat van de ander (analytisch en gevoelstype), en leerden te begrijpen hoe hun respectievelijke dominante stemmingen (ontkenning en marchanderen) werkten, kregen ze meer inzicht in zichzelf èn de ander.

Ze zagen nu dat ze de ander louter als een ietwat afwijkende versie van zichzelf hadden beschouwd. Met een zekere arrogantie waren ze ervan uitgegaan dat de ander net zo dacht en voelde als hij- of zijzelf.

Het drong tot hen door dat de dingen die ze elkaar hadden aangedaan en die zo veel pijn, verontwaardiging en wantrouwen hadden veroorzaakt, nooit zo bedoeld waren. Plotseling leek de veronderstelling dat de ander onattent, egoïstisch, onachtzaam of gewoon laaghartig was, volkomen uit de lucht gegrepen.

Ze merkten dat ze elkaar opnieuw gingen waarderen, en tijdens dat proces kwamen er gevoelens tot leven waarvan ze dachten dat ze allang gedoofd waren.

Vervolgens wilden ze samen de laatste fase van de techniek, die van het responderen, uitproberen.

Jij + ik = wij. De negen stappen

Hieronder staan de aanbevolen stappen van de respondeerfase, die Carl en Suzanne volgden.

De respondeerstappen

1. Leg de andere persoon uit dat er fundamentele verschillen tussen jullie zijn.

Jij:

2. (I) Beschrijf de ander hoe hij zijn wereld ziet, en
   (II) hoe en waarom die kijk hem in zijn gedrag beïnvloedt.

Ik:

3. Vertel hem hoe jij jouw wereld ziet, en hoe en waarom jouw kijk daarop je gedrag beïnvloedt.

Wij:
4. Onderzoek samen de verschillen.
5. Bekijk hoe jullie verschillen elkaar aanvullen.
6. Onderzoek hoe jullie verschillen bij conflicten wederzijdse irritaties kunnen oproepen.
7. Leer in te zien hoe jullie in stress-situaties elkaars woorden verdraaien.
8. Zie in hoe belangrijk het is om op elkaars stemmingsfrequentie af te stemmen.
9. Kom tot wederzijds begrip.

Vergeet niet dat zowel jij als je partner aan het begin van deze fase accepterend tegenover elkaar moeten staan.

Zoals we al eerder hebben gezien, is je partner waarschijnlijk niet eens bereid te probéren aan jouw behoeften tegemoet te komen als jij niet aan die van hem tegemoet bent gekomen. Daarom moet je op al zijn stemmingen hebben ingespeeld en zijn thema hebben aangesproken, zodat hij ontvankelijk voor de jouwe is.

Ook moet je afgestemd blijven op de stemmingsfrequentie van je partner, zodat je rechtstreeks praat met wie hij is.

Hoewel Carl en Suzanne tijdens de fasen van begrijpen en reageren niet met elkaar in contact waren geweest, meenden ze nu toch dat ze de ander accepteerden. Ze waren weliswaar wat nerveus, maar wilden desondanks de respondeerstappen op elkaar uitproberen. Het eerste deel van deze techniek, stappen 1 en 2, worden hieronder beschreven. Stappen 3 tot en met 9 worden in hoofdstuk 11 en 12 behandeld.

Stap 1: Leg de ander uit dat er fundamentele verschillen tussen jullie zijn

Door op zíjn manier aan de behoeften van je partner tegemoet te komen, heb je laten zien dat je hem begrijpt; nu moet je hem uitleggen dat zijn manier van denken en voelen anders is dan de jouwe, dat jullie ideeën over bepaalde zaken even verschillend zijn als water en vuur.

Leg uit dat dit geen waardeoordeel inhoudt; het is simpelweg een feit.

Misschien kun je in dit stadium zeggen dat de manier waarop je partner de wereld ziet zó bepalend is voor wie hij is, dat die van invloed is op de manier waarop hij de gebeurtenissen in zijn leven bekijkt, ervaart en ermee omgaat.

Het feit dat de ander weet dat je dit begrijpt, kan er te zijner tijd toe leiden dat hij voldoende vertrouwen in je heeft om die verborgen delen van zichzelf te laten zien die hij altijd verborgen heeft gehouden uit angst dat niemand ze ooit zou kunnen begrijpen en vergeven.

Ook moet je hem uitleggen dat jullie je in feite juist door die verschillen tot elkaar aangetrokken voelen, en dat jullie die verschillen nodig hebben om een compleet mens te worden.

In dit stadium begrepen Carl en Suzanne de principes die achter het persoonlijkheidstype van de ander schuilgingen. Met gebruikmaking van elkaars stemmingsfrequentie probeerden ze deze verschillen aan elkaar uit te leggen.

Jij
Stap 2: Beschrijf de ander hoe hij zijn wereld ziet

(1) Gebruik zijn katalysator als beginpunt

Maak het gevoelstype duidelijk dat zijn wereldbeeld wordt bepaald door wat hij als eerlijk of oneerlijk beschouwt (zie blz. 128/129).

Zeg hem dat je weet dat hij uiterst gevoelig is voor het wankele evenwicht tussen wat hij als goed of fout, rechtvaardig of onrechtvaardig, eerlijk of oneerlijk ervaart, en dat hij zich emotioneel aangevallen voelt wanneer deze balans naar één kant doorslaat doordat iemand met (fysiek, intellectueel of emotioneel) machtsmisbruik bewust probeert een ander in verwarring te brengen, te domineren of uit te buiten. Hij wil het evenwicht herstellen, en als gevoelstype doet hij dat zo vriendelijk, vredelievend en 'eerlijk' als maar mogelijk is.

Met andere woorden, hij wil het gevoel hebben dat iedereen eerlijk wordt bejegend.

Maak het gedreven type duidelijk dat zijn wereldbeeld wordt bepaald door wat hij als goed of fout, zwart of wit beschouwt (zie blz. 130/131).

Zeg hem dat gedreven typen, vanuit een diepgewortelde en starre subjectieve 'ethische code' voor goed en fout, een onwrikbaar en hoogontwikkeld gevoel hebben voor de manier waarop mensen op een correcte, fatsoenlijke en 'eerbare' manier met elkaar om horen te gaan. Deze 'ethische code' vormt de fundamentele identiteit van het gedreven type: zoals hij is, zou eigenlijk iedereen moeten zijn.

Alle gedragingen, reacties, ideeën of meningen die buiten de grenzen van deze ethische code vallen, worden als een persoonlijke belediging opgevat. Het is 'verkeerd', bijna 'verraad' en zijn respect onwaardig, hetgeen hij je in niet mis te verstane bewoordingen duidelijk zal maken.

Met andere woorden, hij kan anderen pas respecteren en zich bij hen op zijn gemak voelen als hij vooraf weet dat ze zich op een 'goede' manier gedragen.

Maak het analytische type duidelijk dat zijn wereldbeeld wordt bepaald door wat hij als rationeel of irrationeel beschouwt.

Zeg hem dat je weet dat hij een scherp gedefinieerd en op de werkelijkheid gebaseerd normbesef heeft, waarmee hij mensen, ideeën en gebeurtenissen afweegt. Wat aan zijn normen voldoet, is samenhangend, zinvol en kan produktief worden ingezet. Wat er niet helemaal aan voldoet, kan zodanig worden aangepast en georganiseerd dat ermee gewerkt kan worden. Wat er helemaal niet aan voldoet, heeft geen enkele geldigheid, is 'irrationeel' en moet terzijde worden geschoven.

Met andere woorden, hij wil dat alles en iedereen vooral rationeel is.

Maak het elitaire type duidelijk dat zijn wereldbeeld wordt bepaald door wat hij als gepast of ongepast beoordeelt.

Zeg hem dat hij tot een zeldzame klasse behoort, een soort elite, de toplaag van de maatschappij.

Zeg hem dat de andere persoonlijkheidstypen de wereld alleen maar beoordelen naar zaken die hen op de korte termijn beïnvloeden (door deze als eerlijk/oneerlijk, goed/fout of rationeel/irrationeel te bestempelen), maar dat híj de wereld vanuit een breder, bijna vooruitziend perspectief bekijkt. In plaats van zich te beperken tot een van de beschouwingen van de andere typen, maakt hij op intellectueel elegante wijze gebruik van al deze beschouwingen.

Het elitaire type heeft een maatstaf waartegen hij mensen, ideeën en gebeurtenissen afmeet. Aangezien zíjn inzicht altijd het beste is, moet alles tegen zíjn norm worden afgewogen. Anderen worden beoordeeld naar het feit of híj vindt dat er in zijn visie ruimte voor hen is, met andere woorden of het 'gepast' is ze een plaatsje te geven in zijn wereldbeeld.

Zeg hem dat je beseft hoe deprimerend het moet zijn dat andere mensen niet in staat zijn zijn visie te evenaren of te begrijpen. Zeg dat het daardoor komt dat hij zo vaak moeite heeft een hechte relatie aan te gaan en zich gedwongen voelt op een afstand te blijven, waarbij hij met zijn bijna 'mechanische' charme anderen van zich afhoudt maar tòch beleefd blijft.

Zeg dat je hebt geprobeerd zoveel mogelijk over hem te leren omdat je hem bewondert om wie en wat hij is en omdat je beseft hoe eenzaam hij zich soms moet voelen. Zeg hem dat je graag meer zou willen weten.

(II) Weerspiegel zijn zelfbeeld

Laat vervolgens aan de hand van voorbeelden zien hoe en waarom de ander de dingen op zijn manier zegt en doet. (Hanteer als richtlijn de informatie over zelfbeeld en stemmingstaal in de schema's op blz. 129 t/m139.)

Benadruk dat dit zíjn manier is om de zaken aan te pakken en dat jij, hoeveel je ook van hem houdt, het niet op die manier kunt.

Vergeet tijdens het uitleggen niet je op de stemmingsfrequentie van de ander af te stemmen. Toen Carl (een analytisch type) met Suzanne (een gevoelstype) over haarzelf sprak, deed hij dat op volgende wijze.

Hij stemde zich op haar stemmingsfrequentie af door:

- rustig te blijven, zijn eigen persoonlijkheid naar de achtergrond te schuiven en zich op die van haar te concentreren;
- vriendelijk, beleefd, meelevend en oprecht te zijn;
- over gevoelens te praten;
- rustig en weloverwogen één idee per keer te presenteren;
- terwijl hij sprak oog te hebben voor haar fysieke reacties;
- niet te proberen haar te domineren of te 'dwingen' zijn gedachtengang te volgen;
- haar rechtstreeks te vragen wat ze dacht of voelde;
- rustig op antwoord te wachten en haar de tijd te geven haar gedachten en gevoelens op een rijtje te zetten; haar niet te onderbreken of tijdens pauzes in de rede te vallen;
- te luisteren naar wat ze zei – en dat op háár manier te begrijpen.

Wat hij zei:	**Hoe hij haar zelfbeeld gebruikte om haar gedrag te verklaren:**
'Een van de dingen die ik zo in je waardeer, Suzanne, is dat je altijd zo goed op mijn gevoelens inspeelt. Als ik ergens maar een béétje ongerust of kwaad over ben, merk je het al.'	*Haar zelfbeeld:* – emotioneel gevoelig. *Haar stemmingstaal:* – is zich bewust van de emotionele staat van de ander;
'Ook heb ik gemerkt dat je meer afgaat op de gevoelens achter mijn woorden, dan op mijn woorden zelf.'	– is zich bewust van de 'gevoelswaarde' van woorden; – denkt, praat en handelt vanuit het gevoel;
'Jij met je gevoelige aard bent werkelijk altijd tegen iedereen vriendelijk, aardig en beleefd.'	– is hartelijk, vriendelijk, aardig en beleefd tegen anderen.
'Ik wilde maar dat ik ook met zo veel gevoel kon reageren, maar het lukt me gewoon niet.'	
'Is het beeld dat ik van je heb juist?'	

Carl luisterde geduldig naar haar reactie. Toen kwam hij met een ander idee:

'Je bent altijd zo eerlijk en onpartijdig. Je laat iedereen rustig uitpraten – hoe onzinnig en tijdrovend het verhaal ook mag zijn – voordat je een beslissing neemt.	*Haar zelfbeeld:* – eerlijk en onpartijdig. *Haar stemmingstaal:* – houdt rekening met ieders standpunt;
'En je lijkt altijd te geloven wat ze zeggen!'	– geeft anderen het voordeel van de twijfel.
'Ik wilde dat ik zo geduldig was, zo attent en zo eerlijk. Hoe krijg je dat voor elkaar?'	

Daarna kwam Carl met het volgende idee:

'Ik vind het geweldig zoals jij mijn natuurlijke agressiviteit weet te compenseren.'

Haar zelfbeeld:
- niet-agressief

'Je legt nooit iemand je mening op, zoals ik doe. Je bent zo attent, en nooit opdringerig.'
'Toch lukt het je in elke situatie altijd iedereen van een eerlijk en redelijk standpunt te overtuigen. Weet je nog toen ik onze boekhouder zei dat hij onzin uitkraamde en hij zijn baan zó beledigd was dat hij wilde opzeggen? Jij kwam binnen en wist hem meteen te sussen.'

Haar stemmingstaal:
- probeert niet de boventoon te voeren;
- houdt meer rekening met een ander dan met zichzelf;
- is tactvol en diplomatiek
- treedt op als vredestichter.

'Ik denk dat je zo bent omdat je altijd bekijkt of iets eerlijk of oneerlijk is. Klopt dat?'

Toen Suzanne (gevoelstype) met Carl (analytisch type) over hemzelf sprak, stemde ze zich op zijn analytische stemmingsfrequentie af door:

- zo helder en rationeel mogelijk te denken;
- haar gedachten te ordenen en ze zo nauwkeurig en bondig mogelijk in een logische volgorde aan hem te presenteren;
- over feiten (niet over meningen) te praten die hem positief belichten;
- geestelijk en fysiek beheerst te blijven en nooit emotionele redenen aan te voeren ter ondersteuning, rechtvaardiging of demonstratie van een feit;
- hem niet te domineren, maar hem vragen te stellen zodat hij – door ze te beantwoorden – de leiding op zich kon nemen.

Wat ze zei:	**Hoe ze zijn zelfbeeld gebruikte om zijn gedrag te verklaren:**
'Wat ik in je waardeer, is dat je zo nauwkeurig bent in je waarneming. Je bent in alles wat je doet rationeel, scherpzinnig, verstandig, nuchter, eerlijk en direct.'	*Zijn zelfbeeld:* – verstandig en nuchter; rationeel en scherpzinnig; eerlijk en direct;
'Daardoor raak je nooit op een zijspoor en verander je niet onverwacht van mening. Je blijft altijd bij de les.'	*Zijn stemmingstaal:* – vindt onlogische en emotionele zaken onbelangrijk;
'Je ziet de zuivere feiten. Je bekijkt ze op een zinvolle manier, en komt dan op basis van die feiten tot een besluit.'	– trekt op een nauwkeurige en logische manier conclusies, uitsluitend op basis van feiten;
'Jouw beslissingen zijn altijd zo logisch en praktisch. En als je ze dan aan mij uitlegt, vraag ik me altijd af waarom ìk het niet op die manier kon zien.'	– spreekt zonder omwegen en systematisch zijn voornaamste eigenschap aan; – is assertief en direct in zijn taalgebruik;
'Je bent er zo ongelooflijk goed in te bepalen wat nuttig is en wat niet, en dan het nuttige in ons voordeel te gebruiken.'	– reactie wordt bepaald door wat voor of tegen hem persoonlijk pleit.
'Ik wilde maar dat ik dat kon. Jij gaat zoveel logischer en zinvoller te werk dan ik. Maar hoe ik het ook probeer, het lukt me niet. Hoe doe je dat toch?'	

Volg deze richtlijnen als je je partner een beschrijving van zichzelf geeft, en stem je stijl en gedrag af op de persoonlijkheid van degene die je voor je hebt.

Je zult aangenaam verrast zijn door de reactie van de ander. Het zal hem verbazen dat iemand – en nog wel jij, de persoon die hem het dierbaarst is – hem zo meelevend en begripvol benadert.

'De juiste chemicaliën'

Bij de hartstochtelijke, romantische liefde met haar euforie van hartkloppingen en vlinders in de buik, die door wederzijdse aantrekkingskracht ontstaat, worden de hersenen overspoeld met amfetamine-achtige stoffen als dopamine, norepinefrine en fenylethylamine.

Deze natuurlijke roes brengt ons zo in verrukking, dat we met ons hoofd in de wolken lopen; de verdwaasde blik op ons gezicht toont de buitenwereld iets van ons delirium.

Na twee of drie jaar van verdwazing heeft ons lichaam echter een tolerantie voor deze bruisende chemicaliën opgebouwd, en begint de roes zijn intensiteit te verliezen.

In dit stadium kunnen relaties hun gloed verliezen en uitdoven.

Als we ons echter op het voorwerp van onze liefde gaan concentreren, in plaats van op onze eigen vreugde van het verliefd-zijn, wordt de naar binnen gerichte passie van verliefdheid vervangen door de meer onbaatzuchtige begaanheid van rijpe liefde.

We gaan onze geliefden meer koesteren om wie ze zijn dan om wat voor gevoel ze ons geven. Op dat moment worden in onze hersenen andere stoffen aangemaakt. Dit zijn endorfinen: kalmerende stoffen, verwant aan natuurlijke pijnstillers, die ons het rustgevende gevoel van veiligheid geven dat we in onze liefde en onze geliefde ervaren.

In tegenstelling tot de stoffen die aanvankelijk bij onze verliefdheid in het spel zijn, neemt de aanmaak van de stoffen die achter onze vreugde om de hechte band en het samenzijn schuilen, niet met de jaren af.

Zolang we de wederzijdse acceptatie en het begrip voor elkaar in stand houden en versterken, blijven de endorfinen in onze hersenen ons een 'verdovend' gevoel van comfort, volledigheid en welzijn geven.

11

De ander duidelijk maken wie je bent

Als je de persoon wiens liefde en begrip voor jou van belang zijn, hebt uitgelegd dat er fundamentele verschillen tussen jullie bestaan, en hem hebt getoond dat je zijn kijk op de wereld begrijpt, kun je doorgaan met de derde stap van de respondeerfase, waarin je uitlegt wie jíj bent.

Ik
Stap 3: Vertel hem hoe jij jouw wereld ziet, en hoe en waarom jouw kijk daarop je gedrag beïnvloedt

In dit stadium heb je jezelf – waarom je de dingen op jouw manier doet en zegt – goed genoeg leren kennen om de persoon wiens begrip je zoekt zonder problemen te kunnen uitleggen wie je bent.

Toch raden we je aan op onderstaande manier te werk te gaan.

Gebruik je eigen katalysator als beginpunt
Terwijl je afgestemd blijft op de stemmingsfrequentie van de ander, leg je hem uit hoe verschillend jullie stemmingsfrequenties zijn.

Zo verklaarde Carl op de volgende manier aan Suzanne hoe zijn katalysator werkt:

Ook al waardeer ik het dat jij de dingen beoordeelt op grond van het feit of ze 'eerlijk' of 'oneerlijk' zijn, ìk kan ze niet op die manier bekijken.

Ik beoordeel de dingen op grond van het feit of ze 'rationeel' of 'irrationeel' zijn – zo zit ik nu eenmaal in elkaar. Net zo goed als jij de dingen onmogelijk anders kunt voelen, kan ik er onmogelijk anders over denken. Jij denkt met je hart, ik met m'n hoofd. Misschien heb ik je daarom wel zo hard nodig; jij vult aan wat ik mis. Ik heb jouw zachtheid en vriendelijkheid even hard nodig als jij mijn nauwkeurigheid en scherpzinnigheid.

Leg je persoonlijkheid uit aan de hand van je eigen stemmingstaal
Met andere woorden, praat eerst over je gedrag en de manier waarop je dingen doet en zegt, en leg dan een verband met de manier waarop je din-

gen beoordeelt als 'eerlijk' of 'oneerlijk', 'goed' of 'fout', 'rationeel' of 'irrationeel' of 'gepast' of 'ongepast'.

Carl sprak over zichzelf in de volgende bewoordingen:

In mijn denken, handelen en praten ben ik duidelijk, bondig en analytisch. Alleen op basis van feiten trek ik conclusies, op een nauwkeurige, geordende manier zodat ik de zaken 'rationeel' kan onderzoeken.

Emoties en gevoelens belemmeren mij daarin, daarom dring ik ze naar de achtergrond, houd ik ze onder controle. Ik heb niet, zoals jij, de aangeboren eigenschap om andermans gevoelens op te vangen en te doorgronden, daarom moet ik me concentreren op wat ze zeggen en de manier waarop ze het zeggen.

Ik wil alles serieus benaderen en word dan ook ongeduldig als anderen naar mijn idee grappig, nonchalant of te gemakkelijk reageren.

Ik weet dat ik de neiging heb precies te zeggen wat ik bedoel zonder met andermans gevoelens rekening te houden, maar dat is nu eenmaal de manier waarop ik met de dingen omga.

Ik begrijp best dat jij met je gevoelige aard mij maar tactloos vindt, maar zoals jij de wereld alleen gevoelsmatig kunt benaderen, kan ik haar alleen met rede benaderen.

Jíj kunt niet anders reageren dan je doet, maar dat geldt ook voor mij.

Kun je een beetje aanvoelen hoe anders ik in elkaar zit?

Wij
Stap 4: Onderzoek samen de verschillen

Nu jullie elkaars totaal verschillende kijk op de wereld begrijpen, wordt het tijd samen uit te zoeken wat jullie van elkaar nodig hebben, en waarom.

Neem jullie tegengestelde manier van denken en voelen, van praten en handelen eens onder de loep en bekijk hoezeer ze op elkaar aansluiten en elkaar aanvullen. Ieder levert slechts de helft van het geheel dat jullie vormen. De ander levert de andere helft.

Neem er de tijd voor die verschillen – die jullie beiden nodig hebben om 'compleet' te worden – te bespreken en te leren waarderen.

Stap 5: Bekijk hoe jullie verschillen elkaar aanvullen

In dit stadium vind je terug wat je aanvankelijk zo in de ander aantrok.

Eerst moet je opnieuw ontdekken welke eigenschappen van die ander je zo aantrekkelijk vond, bewonderde en respecteerde. Daarna laat je tot je doordringen hoe die eigenschappen de jouwe aanvullen.

Onthoud: blijf beiden in een staat van acceptatie. Accepteer wat de ander bedoelt en niet wat jij denkt dat hij bedoelt (met andere woorden: vertrouw hem). Richt je alleen op de positieve kanten van jullie wederzijdse persoonlijkheid. Bespreek in dit stadium níet hoe jullie verschillen wederzijdse irritaties kunnen oproepen.

'Wat ik eigenlijk zo in je waardeer, is dat je me aardig vindt.'
Ga op de volgende manier te werk om dit proces van het elkaar opnieuw ontdekken zo gunstig mogelijk te laten verlopen.

Richt je op een van de sterkste karaktertrekken van de persoon om wie je geeft, en laat hem weten dat je hem daarom bewondert. Een gevoelstype zou bijvoorbeeld tegen een gedreven type kunnen zeggen: 'Wat ik zo in je waardeer, is dat je zo gemakkelijk vrienden maakt, meteen al bij de eerste ontmoeting. Het lijkt wel of je de mensen met je enthousiaste belangstelling aantrekt. En dan weet je ze met je verhalen en humor ook nog geboeid te houden – dat vind ik echt geweldig.'

Daarna zou de andere persoon zich op de compenserende eigenschap in jóu moeten richten. Zo zou het gedreven type tegen het gevoelstype kunnen zeggen: 'Nou, ik bewonder de manier waarop jij op de lange termijn met vriendschap omgaat. Je houdt het contact met onze vrienden bij, weet steeds waarmee ze bezig zijn, informeert naar hun kinderen... Je houdt werkelijk met iedereen rekening.'

Tot slot zouden jullie allebei tot de ontdekking moeten komen dat je de manier van handelen en praten van de ander nodig hebt als tegenwicht voor die van jezelf. Het gevoelstype zou bijvoorbeeld iets kunnen zeggen in de trant van: 'Zonder jouw onmiddellijke invloed zouden we helemaal geen vrienden hebben, want ik mis die spontane charme nu eenmaal. Zo zit ik niet in elkaar.'

Het gedreven type zou dan kunnen tegenwerpen: 'Natuurlijk, maar zonder jouw gemeende, warme belangstelling zouden we ze ook weer kwijtraken. Wanneer ik alles van ze weet, verflauwt mijn belangstelling, maar dan ben jij juist op je best.' De conclusie zou kunnen zijn: 'Wat het aangaan en onderhouden van vriendschappen betreft, lijken we er samen wel te komen. We vormen met z'n tweeën een prima team!'

'Ik heb hem even hard nodig zoals hij is, als hij mij zoals ik ben.'
In dit stadium van de respondeerfase begreep een jong stel, dat zich bereid had verklaard de techniek toe te passen, plotseling wat de basis van hun wederzijdse belangstelling voor elkaar was en hoe ze elkaar als tegenwicht nodig hadden.

Nicole is van het gedreven type, met een aanstekelijk enthousiasme, een prachtig expressief gelaat en een scherp gevoel voor humor. Werkelijk niets ontgaat haar. Ze doorziet de mensen om zich heen onmiddellijk en weet instinctief hoe ze hen op hun gemak kan stellen – als ze er tenminste zin in heeft.

Sam, een gevoelstype, benadert de mensen om hem heen op ontwapenend hartelijke en gevoelige wijze; zijn vriendelijke humor en onbevredigbare nieuwsgierigheid naar de wereld maken zijn hang naar gezelschap des te aantrekkelijker. Hij is terughoudend in het beoordelen van mensen en ziet altijd het beste in iedereen.

Nicole is drieëntwintig en Sam achtentwintig. In eerdere relaties hadden ze allebei harde klappen te verduren gekregen, en ze durfden elkaar dan ook niet volledig te vertrouwen, ook al hadden ze al twee jaar een relatie met elkaar. Onbewust waren ze er huiverig voor zich volledig met de ander te delen.

Toen ze hun verschillen uitgebreid gingen bekijken, kwamen ze tot de ontdekking dat de verschillend gevormde stukjes van hun persoonlijkheden precies in elkaar pasten en een harmonieus geheel vormden.

Ze gingen inzien dat ze elkaar heel hard nodig hadden als tegenwicht en aanvulling, en hun sluimerende twijfels maakten plaats voor een gevoel van vertrouwen en veiligheid. Allebei ontdekten ze: hij heeft me even hard nodig zoals ik ben, als ik hem zoals hij is. Hij houdt van me zoals ik ben!

Hij hield van haar besluitvaardigheid, de manier waarop ze onmiddellijk tot in de kern van de zaken doordrong, precies bepaalde waar het om ging, vrijwel direct tot een oordeel kwam en er een heel duidelijke mening over had.

Zij hield van zijn ruimdenkendheid, de manier waarop hij alles zorgvuldig en geduldig overwoog, over alle mogelijke interpretaties nadacht en op het juiste moment met de eerlijkste oplossing kwam.

Ze beseften dat ze – door deze twee heel verschillende manieren van op de wereld reageren te combineren en elkaars visie met respect te benaderen – ieder waardevolle nieuwe inzichten kregen waarmee ze anders nooit in aanraking zouden zijn gekomen. Ook realiseerden ze zich dat zij de aangewezen persoon was als er een snelle beslissing nodig was; bij diepgaander besluiten vertrouwde ze daarentegen volledig op hem.

Hij vond het heerlijk dat ze er zulke duidelijke, vastomlijnde ideeën op nahield. Hij genoot van de manier waarop ze verontwaardigd kon reageren – op de dramatische wijze die haar zo eigen was – als er volgens haar iets niet 'juist' was. Hij hield van de felle manier waarop ze met haar scherpe gevoel voor humor commentaar leverde.

Zij hield van zijn weloverwogen meningen. Ze vond het heerlijk dat hij zo rustig reageerde en zo omzichtig met andermans gevoelens omging – zelfs als ze niet binnen gehoorsafstand waren. Ze hield van zijn tedere humor.

Ze kwamen allebei tot de ontdekking dat de instemmende reactie van de ander hun steun gaf. Zij had het gevoel dat, als hij haar gedrag niet 'overdreven' vond, als hij in feite genoot van haar dramatische uitingen en haar mening respecteerde en de moeite waard vond, ze werd gewaardeerd om wie ze was. Ze hoefde zich niet anders voor te doen. Hij hield van haar zoals ze was.
Omdat zij hem niet besluiteloos vond en eigenlijk wel waardering kon opbrengen voor de manier waarop hij pas na zorgvuldige afweging tot een besluit kwam, veel waarde aan zijn mening hechtte en van zijn humor genoot, kreeg hij het gevoel te worden bevestigd in wie hij was.
Ze realiseerden zich allebei dat ze 'zichzelf konden zijn' omdat ze van elkaar hielden zoals ze waren.

Hij had er bewondering voor dat ze elk onderwerp rechtstreeks ter sprake kon brengen en direct, zonder angst om afgewezen te worden, kon zeggen wat ze ervan dacht.

Zij had er waardering voor zoals hij de dingen op zijn beloop kon laten zonder zich ermee te bemoeien.

Ze ontdekten dat hij haar afremde in haar vaak overhaaste oordelen en dat zij hem wist te stimuleren niet al te inschikkelijk te reageren.
Ook beseften ze dat hun verschillen voor beiden een betrouwbare graadmeter opleverden waartegen ze hun eigen reacties konden afmeten. Zij realiseerde zich dat ze zo veel vertrouwen in zijn respect voor haar had, dat als hij aangaf dat ze te ver was gegaan, hij daar waarschijnlijk gelijk in had; hij ontdekte dat hij zo veel vertrouwen in haar oordeel had, dat als zij hem liet weten dat hij eindelijk eens iets 'moest doen', het inderdaad tijd werd stappen te ondernemen.

Ze hield van zijn beschermende vriendelijkheid, zijn betrouwbare bedachtzaamheid en zijn consideratie met haar gevoelens, zelfs als dat ten koste van de zijne ging. Ze genoot ervan dat iedereen hem mocht.

Hij hield van haar enthousiaste zelfverzekerdheid, haar onvoorspelbaarheid en haar intens loyale houding tegenover hem.
Hij genoot ervan dat anderen haar bewonderden.

Eigenlijk hielden ze van bijna alles in de ander. Ze genoten van het gevoel door de ander belangrijk gevonden te worden. Ze voelden zich niet alleen bemind, maar ook beminnend.

Stap 6: Onderzoek hoe jullie verschillen bij conflicten wederzijdse irritaties kunnen oproepen

In dit stadium leer je te begrijpen hoe jullie verschillen tot ergernis kunnen leiden, met stress en afwijzing als gevolg.

Het is belangrijk pas tot deze fase over te gaan als beide partners ten volle beseffen dat ze de manier waarop de ander op de wereld en op hem of haar reageert, bewonderen en nodig hebben.

(I) Nadat je in stappen 2 en 3 jullie katalysator hebt besproken, moet je nu uitleggen dat iedereéén een katalysator heeft die na inwerkingtreding tot afwijzing kan leiding. Leg uit dat we, als we worden afgewezen, op onze beurt de persoon afwijzen die ons heeft afgewezen.

Bij wederzijdse afwijzing laten we ons filter vallen en komt onze dominante stemming aan de oppervlakte, die we volledig inzetten om ons tegen aanvallen te beschermen. Ook voorziet onze dominante stemming ons van al onze vertrouwde manipulatietechnieken om te vluchten of te vechten met degene die ons afwijst.

Hoe groter de door afwijzing veroorzaakte stress, hoe meer we ons tot in de kern van onze persoonlijkheid terugtrekken en een beroep doen op alle andere afwijzingsstemmingen om onszelf te beschermen en de ander tot acceptatie te bewegen.

Let erop dit aspect van afwijzing in algemene en objectieve termen te verwoorden. Zeg dat iedereéén op deze manier reageert.

(II) Zodra je allebei inziet dat bij een afwijzing iedereéén deze reactie vertoont, kun je je gaan concentreren op elkaars katalysator en dominante stemming, die je persoonlijke schild tegen aanvallen vormt.

Ga in dit stadium voorzichtig te werk. Zorg ervoor dat je accepterend tegenover elkaar blijft staan en bekijk elkaars houding objectief. Voorkom dat je door beschuldigingen of verwijten in een afwijzingsstemming terechtkomt. Als je er met humor mee om kunt gaan, des te beter – leer om jezelf te lachen!

Begin met de eigenschappen die je bij wederzijdse acceptatie in elkaar waardeert. Onderzoek dan hoe deze eigenschappen plotseling van karakter lijken te veranderen als ze, door de stress van afwijzing, in alle felheid tot uiting komen en tegen de ander worden gericht, waardoor er een onverholen dreiging en vijandigheid van uitgaat.

De keerzijde

Sam begon met het vurige enthousiasme van Nicole, typisch een eigenschap van een gedreven type, dat hij zo aantrekkelijk vond als ze in een staat van acceptatie verkeerde. Toen bracht hij voorzichtig naar voren dat, als ze hem afwees, diezelfde eigenschap versterkt tot uitdrukking kwam in een overweldigende en dramatische woedeuitbarsting, die tegen hem was gericht. Met andere woorden, ze wees hem met evenveel enthousiasme af als dat ze hem accepteerde.

Alle eigenschappen die hij in haar verafschuwde als ze ruzie maakten, waren geen onbegrijpelijke vervormingen van wie ze was, maar louter een verlenging van de eigenschappen die hij zo in haar waardeerde. In conflictsituaties veranderde niet haar karakter, maar zijn observatie van haar karakter.

Nicole begon met de emotionele gevoeligheid van Sam, typisch een eigenschap van een gevoelstype, die bij afwijzing versterkt tot uiting kwam in een 'geprikkeldheid' over alles wat ze zei of deed.

Bij het bespreken van het incident op het verjaardagsfeestje constateerde Carl bij Suzanne, toen ze hem afwees, een zelfde verhoging van haar emotionele gevoeligheid. Uiteindelijk zag hij in waarom ze emotioneel zo 'overdreven' reageerde. Juist de karaktertrek die hij zo in haar waardeerde als ze hem accepteerde, was de eigenschap geworden waarmee hij niet kon omgaan als ze hem afwees.

Nu besefte hij echter dat ze dit aspect van haar karakter net zo min kon veranderen als hij enig aspect van zíjn karakter kon veranderen. Wèl kon hij er nu begrip voor opbrengen: plotseling zag hij de logica ervan in. Hij beschouwde haar reactie niet langer als onzinnige flauwekul, maar als een noodzakelijk deel van haar totale persoonlijkheid.

Toen Suzanne op haar beurt de directe rationaliteit van Carl, typisch een eigenschap van een analytisch type, nader bekeek, besefte ze voor het eerst dat hij, toen hij de geschenken op zijn verjaardag met elkaar vergeleek, haar feitelijk niet had afgewezen. Hij had louter gehandeld in overeenstemming met zijn persoonlijkheid. Er zat geen kwaadaardige bedoeling achter, hij wilde haar niet voor gek zetten of in verlegenheid brengen. Ze had zijn motieven verkeerd begrepen.

Nu begreep Suzanne dat de karaktertrekken van Carl die ze bij wederzijdse acceptatie zo waardeerde, juist de eigenschappen waren die ze, in tijden dat ze hem afwees, niet begreep en verkeerd interpreteerde.

Dat ze zijn optreden verkeerd had beoordeeld en dat hij haar reactie niet had begrepen, werd veroorzaakt door het feit dat we de ander, als we hem afwijzen, uitsluitend via onze eigen dominante stemming benaderen; kortom, we beoordelen elkaar uitsluitend volgens onze eigen normen.

Dus als we de ander afwijzen, zijn we niet meer onbevooroordeeld en objectief, maar worden we kortzichtig en uiterst subjectief.

Als we inzien wat er gebeurt als we elkaar afwijzen, kunnen we niet langer volhouden dat de bedoelingen van de ander van pure kwaadaardigheid of laaghartigheid getuigen.

In onderstaande 'conflictschema's' wordt aangetoond hoe de vier persoonlijkheidstypen bij wederzijdse afwijzing op elkaar reageren. Ze laten zien dat de dominante stemming van elk type een vertekend beeld geeft van wat de ander wèrkelijk zegt of doet.

Gebruik deze schema's als richtlijn wanneer je gaat bekijken hoe jullie karaktereigenschappen bij een frontale botsing tussen jullie dominante afwijzingsstemmingen tot wederzijdse irritaties kunnen leiden.

Hoe een gevoelstype en een gedreven type bij wederzijdse afwijzing botsen

Hoe het gevoelstype het gedreven type ziet

Katalysator: 'oneerlijk'
Dominante stemming: marchanderen

Hoe de eigenschappen van het gedreven type (met het filter van verontwaardiging in een staat van acceptatie) worden gezien als ze in woede tot uitbarsting komen:

Zijn vurige enthousiasme wordt gezien als een onvergeeflijk buitensporige, onbeheerste woede. Zijn woede wordt gezien als wreedheid, een blokkade tegen de aansluitingspogingen van de ander. Het gevoelstype is verward, verbijsterd, gekwetst en overdonderd, en deinst terug voor de botheid, de wreedheid en de lompe opmerkingen van het gedreven type, die als een vorm van 'oneerlijke' agressie worden beschouwd.
Zijn gewoonte om de ander in de rede te vallen, om te praten, in herhalingen te vervallen en niet te luisteren, wordt gezien als een kortzichtig onvermogen om andermans visie te respecteren.

Zijn stelligheid en directheid worden gezien als tirannieke pogingen om te beheersen, te domineren en te straffen.

Hoe het gedreven type het gevoelstype ziet

Katalysator: 'fout'
Dominante stemming: woede

Hoe de eigenschappen van het gevoels type (met het filter van verzoening in een staat van acceptatie) worden gezien als ze in marchanderen tot uitbarsting komen:

Zijn eerlijkheid en onpartijdigheid worden gezien als een gebrek aan loyaliteit jegens het gedreven type. Zijn begrip voor andermans standpunt wordt gezien als een uiting van onvermogen er een eigen mening op na te houden.
Zijn gevoeligheid wordt gezien als een vorm van emotionele manipulatie, en hevige uitingen van emotionaliteit worden beoordeeld als onecht en hypocriet.
Het gedreven type begrijpt niet waarom de ander bij een onbeduidende gevoelskwestie blijft steken, en ziet dit als een karakterzwakheid.

Zijn gebrek aan agressiviteit wordt gezien als een gebrek aan belangstelling voor het gedreven type.

Het gedreven type wordt beschouwd als een fanaticus die niet zal rusten voordat hij met intimidatie het gevoelstype tot zijn manier van handelen heeft gedwongen.
Zijn neiging om het laatste woord te willen hebben en bovenaan te eindigen, wordt gezien als oneerlijk gekoeioneer.

Zijn aversie jegens een confrontatie wordt gezien als een manier om de ander te negeren. Hoe harder hij – tevergeefs – probeert het gevoelstype te prikkelen, des te meer geeft deze hem het gevoel een tiran te zijn.
De neiging van het gevoelstype om zich af te sluiten, wordt gezien als onverschilligheid.

Zijn scherpzinnigheid en snelheid van geest worden nu beschouwd als oneerlijke middelen om de emoties van het gevoelstype te manipuleren, omdat hij sneller aanvalt dan de ander kan volgen. Het gevoelstype krijgt naar zijn idee geen adempauze en voelt zich overdonderd.

Zijn trage, weldoordachte manier van reageren wordt gezien als een poging de ander tot woede te drijven.
Het onvermogen van het gevoelstype om de ander bij te houden – hem te volgen en van repliek te dienen – wordt gezien als domheid.

Vanuit het marchandeerstandpunt van het gevoelstype: de woede van de ander biedt geen ruimte voor geven en nemen – met woede valt niet te marchanderen. Omdat hij confrontaties schuwt, kan hij niet terugvechten en voelt hij zich op oneerlijke wijze tot slachtoffer gemaakt.

Vanuit de woede van het gedreven type: het gemarchandeer van het gevoelstype biedt geen ruimte voor een frontale confrontatie – er is geen manier om alles eruit te gooien, onder ogen te zien en af te handelen. Het gedreven type kan niet met de marchandeerhouding van de ander omgaan en voelt zich gefrustreerd en afgewezen.

Bij wederzijdse afwijzing drijven het gevoelstype en het gedreven type elkaar tot het uiterste.

Hoe een gevoelstype en een analytische type bij wederzijdse afwijzing botsen

Hoe het gevoelstype het analytische type ziet

Katalysator: 'oneerlijk'
Dominante stemming: marchanderen

Hoe de eigenschappen van het analytische type (met het filter van verwerping in een staat van acceptatie) worden gezien als ze in ontkenning tot uitbarsting komen:

Zijn rationaliteit en scherpzinnigheid worden gezien als een koele, onpersoonlijke fixatie op het minst belangrijke aspect van het conflict.
Het ontbreken van uitingen van emotionaliteit en een duidelijk besef van de emotionele gevolgen van het conflict stoort het gevoelstype bovenmatig.

Zijn gezond verstand en nuchterheid worden gezien als kenmerken van ongevoeligheid, als het ontbreken van enige emotie.
Zijn gerichtheid op zuivere feiten, zonder daarbij emotionele factoren te betrekken, wordt gezien als koel en onmenselijk.

Zijn directheid en duidelijkheid worden gezien als regelrechte botheid en een lompe afwijzing van elk marchandeeraanbod. Ze worden als een persoonlijke belediging beschouwd.

Hoe het analytische type het gevoelstype ziet

Katalysator: 'irrationeel'
Dominante stemming: ontkenning

Hoe de eigenschappen van het gevoelstype (met het filter van verzoening in een staat van acceptatie) worden gezien als ze in marchanderen tot uitbarsting komen:

Zijn eerlijkheid en onpartijdigheid worden gezien als een uiting van bereidwilligheid om op een intellectuele basis met het analytische type samen te werken, en zich te laten leiden.
Zijn inschikkelijkheid wordt beschouwd als een intellectuele zwakte waarvan geprofiteerd kan worden.

Zijn gevoeligheid wordt gezien als irrelevant en misplaatst. Ze wordt beschouwd als een ongedisciplineerd gebrek aan zelfbeheersing.
Het analytische type meent dat zijn logische gedachtengang door het gevoelstype met emoties wordt vertroebeld, en beschouwt dit als een poging van de ander de boventoon te voeren.

Het ontbreken van agressiviteit wordt gezien als het niet kunnen innemen van een sterke positie en een gebrek aan intelligentie.
Zijn inschikkelijkheid wordt beschouwd als de bereidheid zich

Zijn zakelijke pogingen om de situatie onder controle te houden, wekken veel verontwaardiging op.

aan de wil van het analytische type te onderwerpen.

Vanuit het marchandeerstandpunt van het gevoelstype: de ontkennende houding van het analytische type wordt beschouwd als botte woede, en wordt afgewezen. Ze biedt geen ruimte voor geven en nemen, en er is geen emotie waarbij aansluiting kan worden gezocht.

Vanuit het ontkennende standpunt van het analytische type: het marchanderen van het gevoelstype wordt beschouwd als een intellectuele zwakte en toestemming om gemanipuleerd te worden.

Hoe een gevoelstype en een elitair type bij wederzijdse afwijzing botsen

Hoe het gevoelstype het elitaire type ziet

Katalysator: 'oneerlijk'
Dominante stemming: marchanderen

Hoe de eigenschappen van het elitaire type (met het filter van exclusiviteit in een staat van acceptatie) worden gezien als ze in depressiviteit tot uitbarsting komen:

Zijn intelligentie wordt gezien als een oneerlijk middel om het gevoelstype te domineren.
Zijn intellectuele manier van redeneren wordt gezien als een gebrek aan gevoeligheid.

Hoe het elitaire type het gevoelstype ziet

Katalysator: 'ongepast'
Dominante stemming: depressiviteit

Hoe de eigenschappen van het gevoelstype (met het filter van verzoening in een staat van acceptatie) worden gezien als ze in marchanderen tot uitbarsting komen:

De eerlijkheid en onpartijdigheid van het gevoelstype worden beschouwd als een gebrekkig gevoel van eigenwaarde, een gebrek aan intelligentie en doelgerichtheid en als een vorm van zwakte.

Zijn eigenschap om naar alle standpunten te luisteren en zich niet alleen op de behoeften van het elitaire type te richten, wordt beschouwd als een gebrek aan loyaliteit.

Zijn superieure houding wordt gezien als een weigering om contact te leggen en een afwijzing van de empathische benadering van het gevoelstype.
Zijn afstandelijkheid wordt beschouwd als een weigering zijn gevoelens te delen.
Zijn vermeende superioriteit wordt gezien als een onbeleefdheid, en wordt als ongefundeerd en onverdiend beschouwd.

Zijn gevoeligheid wordt beschouwd als misplaatst, ondoordacht en ongepast.
Zijn overdreven benadrukking van emotionaliteit ten koste van de rede wordt gezien als het onvermogen de volledige omvang van de kwestie te begrijpen. Het elitaire type beschouwt het gevoelstype als een minderwaardige tegenstander.

Zijn diepgang en complexiteit worden door het gevoelstype beschouwd als een eigen tekortkoming om zich in het elitaire type te kunnen inleven.

Het ontbreken van agressiviteit wordt gezien als laffe voorzichtigheid, zijn confrontatie schuwende houding als een gebrek aan lef. Het elitaire type heeft geen respect voor mensen die voor hun eigen agressie terugdeinzen.

Vanuit het marchandeerstandpunt van het gevoelstype: de depressiviteit van het elitaire type wordt gezien als een soort woede waarmee hij zich voor het gevoelstype afsluit, zodat laatstgenoemde geen kans heeft te marchanderen of aansluiting te zoeken.

Vanuit de depressieve gevoelens van het elitaire type: het marchanderen van het gevoelstype wordt gezien als een jammerlijke poging het eigenlijke onderwerp emotioneel te omzeilen.

Hoe een gedreven type en een analytisch type bij wederzijdse afwijzing botsen

Hoe het gedreven type het analytische type ziet	**Hoe het analytische type het gedreven type ziet**
Katalysator: 'fout' *Dominante stemming:* woede	*Katalysator:* 'irrationeel' *Dominante stemming:* ontkenning
Hoe de eigenschappen van het analytische type (met het filter van verwerping in een staat van acceptatie) worden gezien als ze in ontkenning tot uitbarsting komen:	*Hoe de eigenschappen van het gedreven type (met het filter van verontwaardiging in een staat van acceptatie) worden gezien als ze in woede tot uitbarsting komen:*
Zijn rationaliteit en scherpzinnigheid worden gezien als een oppervlakkige benadering van slechts één aspect van de situatie. Het analytische type wordt beschouwd als een eenzijdige geest die niet in staat is het grote geheel te begrijpen.	Zijn stelligheid en directheid worden gezien als tekenen van eigenwijsheid. Het gedreven type gaat eerder af op overtrokken ideeën dan gestructureerde en weloverwogen feiten. Zijn beweringen worden als persoonlijke kritiek opgevat, die moet worden ontkend, en zijn pogingen om de situatie te domineren worden afgewezen.
Zijn gezond verstand en nuchterheid wijzen op een gebrek aan passie, gevoeligheid en enthousiasme. Het analytische type wordt verweten zich emotioneel op een afstand te houden, en het gedreven type ziet dit als een eenzijdige houding.	Zijn vurige enthousiasme wordt gezien als een gebrek aan zelfbeheersing en doelgerichtheid. Zijn dramatische, theatrale houding wordt beschouwd als emotioneel onevenwichtig, volkomen misplaatst en geen respect waardig.

Zijn directheid en duidelijkheid worden nu gezien als een uiting van onvermogen zich bij een conflict op iets anders dan rationele feiten te concentreren. Dat hij niet in staat is op een andere manier richting te geven aan het conflict, wordt gezien als een tekortkoming die tegen hem kan worden gebruikt.
Zijn pogingen om de ander met zuivere rede te overtroeven, worden als ontoereikend beschouwd, en het gedreven type, dat meende een waardige tegenstander gevonden te hebben, is teleurgesteld in hem.

Zijn scherpzinnigheid en snelheid van geest worden gezien als een ongecontroleerde, ongedisciplineerde en ongestructureerde manier van denken.
Zijn 'ideeën' worden afgewezen – alleen 'feiten' zijn van belang.
Zelfs de feiten waarmee het gedreven type komt, worden ontkend, want het zijn er te veel en ze zijn te verward.
Zijn neiging om telkens van onderwerp te veranderen, wordt beschouwd als een uiting van onvermogen om op het spoor te blijven, en wekt bij het analytische type irritaties en frustraties op.

Vanuit de woede van het gedreven type: de ontkennende houding van het analytische type leidt tot een diep verankerde eenzijdige benadering.

Vanuit het ontkennende standpunt van het analytische type: de woede van het gedreven type leidt tot een gebrek aan concentratie.

Hoe een gedreven type en een elitair type bij wederzijdse afwijzing botsen

Hoe het gedreven type het elitaire type ziet

Katalysator: 'fout'
Dominante stemming: woede

Hoe de eigenschappen van het elitaire type (met het filter van exclusiviteit in een staat van acceptatie) worden gezien als ze in depressiviteit tot uitbarsting komen:

Zijn superieure houding wordt gezien als een gebrek aan bereidwilligheid zich volledig in het

Hoe het elitaire type het gedreven type ziet

Katalysator: 'ongepast'
Dominante stemming: depressiviteit

Hoe de eigenschappen van het gedreven type (met het filter van verontwaardiging in een staat van acceptatie) worden gezien als ze in woede tot uitbarsting komen:

Zijn vurige enthousiasme wordt gezien als een manier om alleen zíjn kant van het conflict op me-

drama of conflict te storten.
Zijn hooghartigheid wordt gezien als een manier om het gedreven type niet te hoeven volgen, en niet aan zijn woordspelletjes mee te hoeven doen.

lodramatische wijze te presenteren.
Het gedreven type wordt beschouwd als een exhibitionist die voor zichzelf reclame maakt.

Zijn intelligentie wordt gezien als een middel om het gedreven type beter onder controle te houden. Zijn intellectueel neerbuigende houding irriteert het gedreven type, die vervolgens probeert hem te slim af te zijn en hem zo te laten zien dat hij niet in een positie is om neerbuigend te doen.

Zijn scherpzinnigheid en snelheid van geest worden nu beschouwd als teken dat hij in intellectueel opzicht geen richting weet te houden. Het gedreven type wordt gezien als een slimme jongen die van spelletjes houdt.
Zijn eigenschap om voortdurend van richting te veranderen, leidt bij het elitaire type tot verwarring en irritatie.
Zijn 'ik zal winnen'-houding roept bij het elitaire type bewondering en waardering op, maar leidt ook tot onenigheid over de uitslag van de strijd.

Zijn diepgang en complexiteit worden gezien als een uiting van onvermogen zijn wensen op een rijtje te zetten, zijn dilemma tot uitdrukking te brengen en advies te vragen.

Zijn stelligheid en directheid worden nu gezien als weinig eerbiedwaardige botheid en een ongepaste poging de situatie te domineren.

Vanuit de woede van het gedreven type: de depressiviteit van het elitaire type wordt (net als marchanderen) beschouwd als een poging het gedreven type van zich af te houden en buiten te sluiten. Het gedreven type wijt de depressiviteit van het elitaire type aan iets wat híj in zijn woede heeft gedaan of gezegd.

Vanuit de depressieve gevoelens van het elitaire type: de woede van het gedreven type wordt beschouwd als een poging zijn gedachten of gevoelens te manipuleren of ermee te spelen.

Hoe een analytisch type en een elitair type bij wederzijdse afwijzing botsen

Hoe het analytische type het elitaire type ziet

Katalysator: 'irrationeel'
Dominante stemming: ontkenning

Hoe de eigenschappen van het elitaire type (met het filter van exclusiviteit in een staat van acceptatie) worden gezien als ze in depressiviteit tot uitbarsting komen:

Zijn intelligentie wordt gezien als een middel om te domineren en controle uit te oefenen.
Zijn manier van informatie presenteren wordt als te gecompliceerd, langdradig en uitweidend beschouwd.
Zijn ideeën en uitingen van emotioneel vertoon worden verworpen, tenzij ze met feiten worden gestaafd.

Zijn superieure houding wordt gezien als een manier om het analytische type te dwingen zijn mening te aanvaarden als de enige juiste manier om het probleem aan te pakken. Ze wordt als persoonlijke kritiek beschouwd.
Zijn neerbuigende houding wordt gezien als een bevestiging van het feit dat er geheime kanten zitten aan logica, emoties en het leven, waar het analytische type gewoonweg geen benul van heeft.

Hoe het elitaire type het analytische type ziet

Katalysator: 'ongepast'
Dominante stemming: depressiviteit

Hoe de eigenschappen van het analytische type (met het filter van verwerping in een staat van acceptatie) worden gezien als ze in ontkenning tot uitbarsting komen:

Zijn rationaliteit en scherpzinnigheid worden beschouwd als een belemmering om het héle probleem onder ogen te zien.
Zijn aanhoudende pogingen om zich alleen op de logische 'feiten' van het probleem te richten, worden gezien als een uiting van onvermogen om alle oorzakelijke factoren in ogenschouw te nemen.

Zijn directheid en duidelijkheid worden gezien als botheid, een gebrek aan tact en fijngevoeligheid, en als een uiting van onvermogen om zich in te leven in wat het elitaire type doormaakt.
Zijn botte opmerkingen worden gezien als een heel persoonlijke aanval en als een uitdaging voor de superioriteit van het elitaire type.

Zijn diepgang en complexiteit worden alleen nog maar gezien als een gebrek aan doelgerichtheid en helderheid van denken. Emotioneel vertoon wordt als huichelarij en manipulatie beschouwd.
Zijn neiging om feiten, persoonlijke meningen en emoties door elkaar te laten lopen, wordt beschouwd als een manier om over het analytische type een oordeel te vellen.

Zijn gezond verstand en nuchterheid worden gezien als oppervlakkig en weinig begripvol.
De zakelijke aanpak van het analytische type wordt gezien als een doelbewuste omzeiling van de emotionele behoeften van het elitaire type. Door zijn nuchterheid en gebrek aan humor wordt het analytische type als vreselijk saai ervaren.

Vanuit het ontkennende standpunt van het analytische type:
De depressiviteit van het elitaire type wordt veroorzaakt door een verkeerde inschatting van gedachten en logica. Als hij nu maar naar de redenering van het analytische type zou luisteren, zou hij niet meer zo zwaarmoedig zijn.

Vanuit de depressieve gevoelens van het elitaire type: de ontkennende houding van het analytische type wordt gezien als een koppige weigering de emotionele reikwijdte van het probleem onder ogen te zien, waardoor het elitaire type geen meelevend begrip kan tonen.

Bij wederzijdse afwijzing drijven het analytische en het elitaire type elkaar tot het uiterste.

De hier weergegeven schema's illustreren hoe mensen van een verschillend persoonlijkheidstype in een situatie van wederzijdse afwijzing tegenover elkaar staan: ze zien de ander als compleet anders dan zijzelf.

Vreemd genoeg geldt dat ook voor mensen van hetzelfde type. In een situatie van afwijzing vinden ze niets van de 'goede eigenschappen' van hun eigen persoonlijkheidstype in anderen van hetzelfde type terug. Bij wederzijdse afwijzing zien mensen van hetzelfde type elkaar eerder op de hieronder beschreven manier.

Gevoelstypen zien in een situatie van wederzijdse afwijzing andere gevoelstypen als zwak, besluiteloos, overdreven emotioneel en niet in staat om datgene waarin ze geloven te volgen of uit te voeren. Ze menen dat de ander een slachtofferrol op zich neemt en zien zijn pogingen om vriendelijker te worden bejegend als jammerlijk en oneerlijk. Bij wederzijdse afwijzing zien gevoelstypen elkaar als een 'slapjanus'.

Gedreven typen zien in een situatie van wederzijdse afwijzing andere gedreven typen als geestelijk en emotioneel enigszins onevenwichtige mensen, overweldigend, ongeorganiseerd en veel te bazig en overheersend. Ze menen dat de ander gewoon 'fout' zit, zowel in wat hij zegt als in de manier waarop hij het brengt. Bij wederzijdse afwijzing zien gedreven typen elkaar simpelweg als 'niet goed wijs'.

Analytische typen zien in een situatie van wederzijdse afwijzing andere analytische typen als onpraktisch, gericht op de verkeerde zaken, te assertief en dogmatisch, en overdreven gevoelig voor vermeende persoonlijke aanvallen. Ze zien elkaar als onaanvaardbaar 'irrationeel' en met te weinig zelfdiscipline. Bij wederzijdse afwijzing zien analytische typen elkaar als een ongeorganiseerde 'chaoot'.

Elitaire typen zien in een situatie van wederzijdse afwijzing andere elitaire typen als intellectueel chaotische, overdreven sentimentele, egocentrische aanstellers die kicken op zelfmedelijden. De ander gedraagt zich pretentieus op 'ongepaste' en ongefundeerde wijze.

12

Hoe we een vertekend beeld krijgen van elkaars bedoelingen

In dit stadium hebben jij en de persoon wiens begrip voor jou zo belangrijk is de verschillen tussen jullie persoonlijkheidstypen uitvoerig besproken. Jullie hebben ontdekt hoe die verschillen, die op momenten dat je het goed met elkaar kunt vinden elkaar zo schitterend aanvullen, in conflictsituaties juist irritaties oproepen.

Nu is het tijd voor de volgende stap van de respondeerfase, waarin jullie samen leren inzien dat wat de een bij een conflict zègt, niet hetzelfde is als wat de ander feitelijk hóórt.

Stap 7: Begrijpen hoe in stress-situaties je woorden verkeerd overkomen

Nu je hebt geleerd dat je bij wederzijdse afwijzing het gedrag van de ander uitsluitend via de lens van je eigen dominante stemming en alleen op jóuw manier bekijkt, moet je gaan onderzoeken hoe die dominante stemming eveneens bepalend is voor alles wat je feitelijk hoort en ziet.

Toen Carl op zijn verjaardagsfeestje Suzannes cadeau in zijn ene hand hield en dat van zijn vriend in de andere, zei hij: 'Dit is nu een ècht cadeau! Waarom kun jij me nou niet zoiets geven?' Dat was echter niet wat Suzanne hem 'hoorde' zeggen. Terwijl ze hem aanhoorde en zag wat hij deed, bereikten slechts flarden van wat hij zei haar oren; de rest ketste af op het beschermende schild van haar dominante stemming. Haar dominante stemming verdraaide zijn woorden.

Opnieuw moeten we stellen dat er geen sprake is van boze opzet. In een afwijzingssituatie geldt voor iedereen dat zijn dominante stemming de bedoelingen van de ander vervormt doordat ze slechts een déél laat passeren van wat er wordt gezegd, en dan ook nog verdraaid.

Zoals we hebben gezien, worden andermans bedoelingen zowel op verbale (met de stem) als non-verbale (met lichaamstaal) wijze overgebracht. Hoewel we voornamelijk afgaan op de woorden van de ander, leveren de manier waarop die woorden worden gebracht en de wijze waarop zijn lichaam bij het brengen van de boodschap reageert een completer beeld op.

Het complete beeld wordt bepaald door de manier waarop we denken en voelen over datgene wat we feitelijk zeggen. De boodschap heeft zowel een rationele als een emotionele waarde.

Bewust of onbewust uiten we met onze stem en ons lichaam wat we verstandelijk denken en emotioneel voelen. We brengen zowel gedachten als gevoelens over.

Als we in een staat van acceptatie verkeren, kunnen we doorgaans vrij goed iemands ware gedachten en gevoelens lezen omdat die ander niets liever wil dan dat we hem begrijpen.

In een afwijzingssituatie kunnen we de ware bedoelingen van een ander echter niet zo gemakkelijk doorgronden. Op onze eigen manier interpreteren we zijn woorden zodanig, dat we een andere boodschap ontvangen dan de zender bedoelde.

'Maar dat bedoelde ik niet!' Wat er bij afwijzing gebeurt

In een afwijzingssituatie trekt ieder zich tot in de kern van zijn persoonlijkheid terug en werkt zijn dominante stemming als een haast ondoordringbaar beschermend schild. Bijna alles wat je tegen hem zegt, ketst (door de afwijzingsstemmingen woede, depressiviteit, marchanderen en ontkenning) op dat schild af.

Niets van wat je zegt, wordt objectief bekeken: alles wordt subjectief, volgens de zienswijze van de ander, geïnterpreteerd. Van alles wat je zegt, dringen slechts enkele flarden tot hem door, en zelfs die flarden worden door zijn dominante stemming sterk vervormd.

'Ik denk dat ik begrijp wat je bedoelt'. Wat er bij acceptatie gebeurt

Bij acceptatie is er geen bedreiging en dus geen behoefte om te vechten of te vluchten, zodat we met een filter onze dominante stemming 'dempen' en ontvankelijker maken. Dat filter zorgt ervoor dat onze dominante stemming beter toegankelijk wordt, zodat een veel groter deel van wat er wordt gezegd met slechts geringe vervorming ons schild kan passeren. We staan meer open voor wat de ander bedoelt.

Toch wordt ook bij acceptatie een deel van de bedoelingen van de ander enigszins vervormd. Ons filter geeft zijn eigen draai en interpretatie aan de woorden van de ander.

De draai die elk persoonlijkheidstype aan de woorden van een ander geeft, wordt bepaald door zijn visie op de wereld in het algemeen, en op die ander en zijn gedrag in het bijzonder.

Hieronder wordt besproken welke draai elk persoonlijkheidstype geeft aan wat hij hoort of ziet, zèlfs in een situatie van acceptatie. Ook komt aan de orde hoe hij in een afwijzingssituatie vrijwel alles wat hij hoort of ziet volledig vervormt.

Onthoud dat de ander dit niet met boze opzet doet of met het doel je van hem te vervreemden; het vormt louter een deel van wie hij is.

Het gevoelstype	*Dominante stemming:*	marchanderen
	Filter:	verzoening
	Katalysator:	'eerlijk/oneerlijk'

Als je beantwoordt aan het verzoenende beeld van het gevoelstype – je bent eerlijk en onpartijdig, je zoekt aansluiting bij hem en je bent bereid hem te vertrouwen – en met hem praat in termen van gevoelens, begrijpt hij je bedoelingen zo goed als maar mogelijk is.

Als je hem daarentegen door zijn 'eerlijk/oneerlijk'-katalysator te activeren tot afwijzing brengt, is het énige dat nog tot hem doordringt zijn interpretatie van de emotionele betekenis van je woorden en daden. Alleen zijn gevoelsreceptoren staan op scherp, voor de rest dringt er niets tot hem door. Al je woorden en daden worden gezien in het licht van hun emotionele betekenis.

Als Nicole bijvoorbeeld tegen Sam schreeuwt: 'Je bent een gemene, egoïstische zak!' hoort hij waarschijnlijk: 'Ik haat je!' Twee seconden nadat ze tegen hem tekeer is gegaan, weet hij waarschijnlijk niet eens meer welke woorden ze precies heeft gebruikt. Het enige dat hij zich nog herinnert, is de emotionele waarde van haar verbale en fysieke gedrag; voor de rest is er niets tot hem doorgedrongen.

Toen Carl zei: 'Dit is nu een ècht cadeau! Waarom kun jij me nou niet zoiets geven?' hoorde Suzanne waarschijnlijk iets als: 'Ik mag je niet, ik hoef je cadeau niet, ik geef meer om m'n vrienden!' Toen haar werd gevraagd Carls precieze woorden – die haar moesten worden voorgezegd – uit te spreken, gaf ze daar haar eigen interpretatie aan. Dat was wat ze hem feitelijk had horen zeggen. De rest was afgeketst op het schild van haar dominante stemming.

Het gedreven type	*Dominante stemming:*	woede
	Filter:	verontwaardiging
	Katalysator:	'goed/fout'

In een staat van acceptatie hoort en ziet een gedreven type vrijwel alles wat hem interesseert. Aangenomen dat je zijn verontwaardiging niet al te zeer aanwakkert door te langdradig, te dom of te vaag te zijn, pikt hij alles wat op hem afkomt (en om zich heen ziet) objectief op, waarna hij zich onmiddellijk kan concentreren op de aspecten die hem interesseren.

Zodra je echter zijn 'goed/fout'-katalysator activeert en hem tot afwijzing brengt, gaan al zijn gevoelsreceptoren op scherp staan en wordt zijn blikveld uiterst nauw. Hij hoort en ziet precies wat je in werkelijkheid doet en zegt, maar beoordeelt dat uitsluitend op basis van wat je 'fout' doet of zegt. Niets ontgaat hem, maar omdat hij alles als volkomen 'fout' op zich af ziet komen, zul je met alles wat je doet of zegt zijn kwaadheid voeden, en zal hij zich er woedend op storten en je proberen te manipuleren.

Omdat hij elk aspect van je verbale en fysieke gedrag razendsnel in zich opneemt en interpreteert, ligt hij steeds op je voor en beweegt hij zich in het conflict ongeduldig voor- en achterwaarts om munitie te verzamelen voor een geweersalvo.

Als Sam bijvoorbeeld tegen Nicole schreeuwt: 'Je bent een laaghartig, konkelend rotmens!' zou ze elk van zijn woorden horen en zijn miniemste lichaamsbewegingen en gelaatsveranderingen registreren. Hoewel niets van zijn redenering en emotionele boodschap haar ontgaat, interpreteert ze alles uitsluitend op basis van wat hij 'fout' doet of zegt. Voordat hij ook maar adem kan halen, stort ze zich waarschijnlijk vol vuur op alle gedachten en gevoelens die hun ruzie in hem heeft losgemaakt of zal losmaken.

Het analytische type	*Dominante stemming:*	ontkenning
	Filter:	verwerping
	Katalysator:	'rationeel/irrationeel'

In een staat van acceptatie ziet en hoort het analytische type datgene wat logisch is en het best in zijn voordeel kan worden gebruikt. Alles wat naar zijn idee onlogisch is, schuift hij zonder er ook maar de geringste aandacht aan te besteden terzijde.

Als je echter zijn 'rationeel/irrationeel'-katalysator activeert en hem tot afwijzing brengt, zal hij zich met zijn ontkenningsschild stevig weren. Alleen zinvolle woorden die geanalyseerd en gewogen kunnen worden, zullen tot hem doordringen; de rest ketst op het schild af. Hij laat alleen verbaal geuite, rationele, logisch geordende, concrete feiten tot zich toe, en ontkent alles wat hem niet op die manier wordt aangeboden.

Suzannes reactie op Carls woorden zette zijn katalysator in werking, waardoor hij in een staat van afwijzing terechtkwam. Vanaf dat moment ontkende hij het feit dat zijn woorden mogelijk een tegengesteld effect op haar konden hebben. Suzannes emotionele reactie ketste gewoon op zijn schild van ontkenning af. Haar reactie was niet logisch en drong dus niet tot hem door.

Het elitaire type	*Dominante stemming:*	depressiviteit
	Filter:	exclusiviteit
	Katalysator:	'gepast/ongepast'

In een staat van acceptatie houdt een elitair type zich verre van alles wat er wordt gezegd en gedaan, maar laat dat wel tot zich doordringen. Hij laat zich alleen persoonlijk raken door datgene wat hij 'gepast' vindt. Aangenomen dat je handelingen en reacties binnen zijn grenzen van 'gepastheid' liggen, zullen je woorden en daden zijn exclusiviteitsfilter passeren en als acceptabel worden beschouwd.

Wanneer daarentegen zijn 'gepast/ongepast'-katalysator wordt geactiveerd en hij in een staat van afwijzing terechtkomt, zal hij zich terugtrekken achter het dominante schild van òf het gevoelstype, òf het gedreven type, òf het analytische type. Afhankelijk van de respons die hij krijgt, zal hij van het ene schild naar het andere overspringen. Zolang hij niet de juiste respons krijgt, blijft hij van verdedigingstactiek veranderen.

Aangezien het elitaire type zowel verbale en emotionele als fysieke en rationele informatie op dezelfde manier oppikt als het gevoelstype, het gedreven type en het analytische type, zij het in wisselende volgorde, ligt hij bij het in zich opnemen van wat hij heeft gezien en gehoord ongeveer vijftien seconden op je achter. Afwisselend valt hij aan en springt hij in de verdediging. Dit leidt vaak tot verwarring, waardoor hij in een depressie raakt.

Stap 8: 'Nu begrijp ik wat je bedoelt.' Het belang inzien van een juiste afstemming

Nu je allebei weet dat hetgeen je in een afwijzende stemming tegen de ander zegt buiten je schuld om sterk wordt vervormd, moet je erover gaan praten hoe belangrijk het is om op elkaars stemmingsfrequentie af te stemmen.

Gegeven het feit dat slechts een bepaald deel van je woorden de dominante stemming van de ander passeert, is het alleszins redelijk te veronderstellen dat je boodschap volledig (of bijna volledig) overkomt als je haar op de manier van dat bepaalde deel verpakt. Zo beperk je het vervormingseffect.

Jullie zullen niet langer twee mensen zijn wier communicatielijnen voortdurend in de knoop zitten, waardoor je een verdraaid beeld krijgt van de woorden van de ander en ten onrechte aanneemt dat wat jij – op jóuw manier – hoort, precies is wat de ander zegt en bedoelt.

Voortaan zijn jullie twee mensen die werkelijk tot elkaar willen komen, die elkaar even oprecht willen begrijpen als ze zelf willen worden begrepen.

Bespreek samen hoe jullie de communicatielijnen zo goed mogelijk voor elkaar kunnen openhouden.

Aangezien je partner nog niet vertrouwd is met de techniek om zich op jouw stemmingsfrequentie af te stemmen, stellen we voor dat je eerst alleen over zíjn stemmingsfrequentie praat; die van jou komt later wel aan de beurt (zie blz. 129 t/m 131).

Leg de ander uit hoe je zijn stemmingsfrequentie hebt gebruikt. Ongetwijfeld heeft hij tegen deze tijd gemerkt dat je hem anders hebt benaderd dan gewoonlijk. In elk geval zal hij meer respect voor je gaan opbrengen, net als een kind dat de puberteit van zich afgooit en tot zijn verrassing ontdekt dat zijn ouders plotseling veel verstandiger en vriendelijker zijn geworden dan ze in zeven of acht jaar zijn geweest.

Behandel punt voor punt de technieken om af te stemmen op de stemmingsfrequentie van de ander, en moedig hem aan met eventuele voorstellen te komen om de algemene richtlijnen nog beter op zijn speciale behoeften af te stemmen.

Luister goed naar wat de ander je vertelt en besteed met name veel aandacht aan alles wat hij op een aarzelende, ontwijkende of indirecte manier brengt. Deze aarzeling betekent doorgaans dat er iets is waarover hij bijna niet rechtstreeks kan praten, zelfs al wil hij eigenlijk dat je ervan op de hoogte bent. Moedig hem met gebruikmaking van zijn stemmingstaal net zo lang aan, tot je precies weet wat hij je probeert te vertellen.

Leon en Marcie

Onderstaand verhaal illustreert op treffende wijze waarop een dergelijke behoefte tot uitdrukking kan worden gebracht. Het laat zien hoe twee mensen die elkaar wanhopig hard nodig hebben, weer tot elkaar kunnen komen met behulp van de techniek van begrijpen, reageren en responderen.

Leon, fraude-inspecteur aan de West Coast, is vijftien jaar getrouwd en heeft twee kinderen van respectievelijk twaalf en negen jaar oud. Zijn huwelijk was in de vijf voorafgaande jaren enorm verslechterd, was 'zo gespannen als maar mogelijk was' en had het punt bereikt waarop zijn vrouw, Marcie, een scheiding wilde.

Leon, een gedreven type, had echter veel moeite met het idee dat hij op de een of andere manier in zijn huwelijk had gefaald en wilde nog een laatste poging wagen om het te redden, of wat er nog van over was.

In zijn functie van fraude-inspecteur bij een verzekeringsmaatschappij had Leon enkele seminars van Glenn Foster over ondervragingsmethoden bijgewoond, en hij had veel waardering voor de praktische toepasbaarheid ervan.

Toen hij vernam dat de techniek zou worden aangepast voor gebruik op het relationele vlak, aarzelde hij om te vragen of hij haar mocht testen. Toch besloot hij het als laatste redmiddel te proberen in de hoop dat hij er iets uit kon halen om zijn huwelijk te redden, of er ten minste van kon leren waarom het was misgegaan.

Tijdens de fase van het 'begrijpen' identificeerde Leon zijn vrouw onmiddellijk als een gevoelstype en zichzelf als een gedreven type. Hij besefte dat ze niet een ietwat afwijkende versie van zichzelf was die alleen op zíjn manier kon worden begrepen, maar een totaal andere persoon, die niet alleen anders handelde, maar ook anders dàcht over de dingen die híj deed. Hij begon in te zien dat ze alleen op háár manier, en niet op de zijne, werkelijk kon worden begrepen.

Misschien voor het eerst in zijn huwelijk zag hij haar niet als een verlengstuk van zichzelf, maar als een unieke, op zichzelf staande 'persoon'.

Ruim voordat Leon de respondeerfase had afgerond, was hij gaan inzien hoe en waarom ze elkaar met hun verschillende benaderingsmethoden in een staat van afwijzing hadden gebracht. Hij besefte dat datgene wat hen zo in elkaar had aangetrokken, nu bij beiden frustraties en irritaties opriep, waardoor ze van elkaar waren vervreemd.

Hij besloot Marcie weer tot acceptatie te brengen.

Hij stemde zich op haar stemmingsfrequentie af, en dat vormde naar zijn idee de doorbraak. Hij stond versteld toen hij merkte dat Marcie, die hem anderhalf jaar lang uit de weg was gegaan en nauwelijks nog een woord met hem wisselde, nu plotseling zijn gezelschap op prijs leek te stellen en graag met hem kletste.

Toch scheen Marcie nog iets van woede en verontwaardiging te koesteren over Leons fouten uit het verleden, zo meende hij te constateren. Hij volgde de richtlijnen voor het omgaan met de woedestemming, maar telkens als ze die stemming kwijt was, kwam ze in de depressiestemming terecht. Hoe Leon het ook probeerde, hij kon onmogelijk achter haar thema en de diepere oorzaak van haar depressiviteit komen. Het idee vatte post dat ze opzettelijk iets voor hem verborgen hield, iets wat ze hem in de vijftien jaar dat ze nu bij elkaar waren nooit had durven toevertrouwen.

Desondanks ging hij, nu hij voelde dat ze hem weer accepteerde, door met de respondeerfase, en samen onderzochten ze hun verschillen. Er kwam zelfs een moment dat ze konden lachen om het voorspelbare patroon van escalerende conflicten tussen hen.

Leon begon in te zien hoe hij met zijn woede en zelfs met zijn verontwaardiging, eigenschappen die een gedreven type eigen zijn, Marcie van zich had vervreemd. Ze voelde zich zó bedreigd door zijn 'overtrokken' reacties, dat ze alles deed om een directe confrontatie te voorkomen. Toen ze eenmaal besefte dat zijn dramatische manier van reageren niet meer was dan een manier om zich te uiten, en niet bedoeld was als een persoonlijke aanval op haar, verdween haar angst om hem dingen te vertellen die zijn woede zouden kunnen opwekken, en stelde ze zich zelfs nog meer voor hem open.

Hij werd zich ervan bewust dat ze hem in de loop der jaren was gaan zien als een bedillerige persoon zonder enige belangstelling voor wat zij te zeggen had – dus uiteindelijk was ze haar mond maar gaan houden. Nu hij echt luisterde naar wat ze zei, zonder haar te onderbreken of op te jagen, besefte hij dat wat ze op haar eigen manier te zeggen had even belangrijk was als wat híj wilde zeggen. Ook drong het voor het eerst tot hem door dat haar ideeën minstens zo doordacht, overwogen en 'goed' waren als die van hem.

Toen ze het stadium bereikten waarin ze bespraken hoe ze zich op elkaars stemmingsfrequentie moesten afstemmen, zag Marcie in welke moeite Leon zich had getroost om erachter te komen wie ze echt was: hij had zich met veel zorg op háár frequentie afgestemd (ten koste van die van hem). Uiteindelijk geloofde ze dat hij van haar hield en haar waardeerde om wie ze was.

Als tegenprestatie nam ze de eerste stap om hem volledig in vertrouwen te nemen.

Terwijl ze haar stemmingstaal bespraken en de manier waarop hij haar moest benaderen om echt tot haar door te dringen, op háár manier en op háár frequentie, voelde Leon steeds dat ze hem iets speciaals wilde vertellen, maar het niet durfde. Vriendelijk moedigde hij haar aan.

Plotseling kwam het er allemaal uit. Als kind was ze regelmatig mishandeld, iets waarover ze met niemand had gesproken. De vijf voorafgaande jaren had ze niet meer met de schande van haar geheim kunnen leven en was ze in grote problemen geraakt.

Omdat ze dacht dat haar man niet begreep wie ze in werkelijkheid was, had ze zich voor hem afgesloten en nam haar wrevel jegens hem toe. Zijn 'felle beschermende houding', die haar in de eerste jaren van haar huwelijk zo'n warm gevoel van veiligheid en geborgenheid had gegeven, kreeg in haar ogen steeds meer weg van de dominante agressie waaraan ze als kind ten prooi was gevallen. Ze verweet Leon dat hij haar, nu ze volwassen was, opnieuw tot slachtoffer maakte. Ze verweet hem dat ze er in haar ellende alleen voor stond.

Ze voelde zich in haar huwelijk verlaten en wanhopig eenzaam.

Nadat Leon wekenlang haar vertrouwen in hem had gevoed, was ze op het punt gekomen dat ze geloofde dat hij van haar hield zoals ze werkelijk was. Ze begreep dat, als ze haar geheim zou onthullen, hij haar niet alleen niet zou afwijzen, maar zelfs in staat zou zijn haar pijn op háár manier te begrijpen.

Ze zeiden dat ze zich die nacht uren aan elkaar hadden vastgeklampt. De intense eenzaamheid die ze beiden hadden gevoeld, was verdwenen. Daarvoor in de plaats was een diep gevoel van gedeelde behoeften en vertrouwen gekomen.

Onze geheime tekortkoming: de verborgen boodschap van ons thema

Dit is een duidelijke, zij het dramatische, illustratie van wat er tussen twee mensen kan gebeuren als ze de techniek van begrijpen, reageren en responderen toepassen. Ieder van ons draagt, ondanks zijn pogingen zich er rationeel mee te verzoenen, ergens op een verborgen plekje de pijn van een mislukking of tekortkoming met zich mee.

Misschien voelden we ons door de komst van een nieuwe baby door een ouder afgewezen; misschien hebben we iemand die het niet verdiende onvergeeflijk wreed behandeld; misschien vinden we onszelf gewoon niet zo slim of oprecht als we doen voorkomen.

Wat voor geheim het ook mag zijn, het is de drijfveer achter een groot deel van ons gedrag, en het is even belangrijk in ons leven als Marcie's geheime verdriet in het hare was.

Deze verborgen tekortkoming of onzekerheid keert àltijd in ons thema terug. Of we het nu willen of niet, ze beïnvloedt ons gedrag en dringt door tot in onze stemmingstaal. We zouden allemaal dolgraag dit pijnlijke geheim willen delen met iemand die begrijpt wat het voor ons betekent, iemand die ons er niet om zal minachten, iemand die ons zou kunnen helpen het in het juiste perspectief te zien en die misschien zelfs van ons houdt om de manier waarop we er altijd alleen mee hebben geworsteld.

Zoek en deel die pijn, en verlicht elkaars schaamte.

Stap 9: Tot wederzijds begrip komen

Jij en de persoon van wie je houdt, zullen nu beseffen dat jullie niet alleen een heel verschillende kijk op de wereld hebben, maar haar ook wèrkelijk anders zien en horen. Hoewel je geen van beiden de plaats van de ander kunt innemen om vandaaruit de wereld te aanschouwen, kun je nu wèl begrijpen hoe de wereld er vanuit dat gezichtspunt uitziet.

Je bent in de positie om niet alleen waardering en respect voor de verschillen tussen jullie beiden op te brengen, maar eindelijk ook begrip.

Zodra jullie tot wederzijdse acceptatie zijn gekomen en kunnen genieten van de wijze waarop jullie onderlinge verschillen elkaar aanvullen en in evenwicht houden, zullen jullie pas echt ten volle profiteren van de veelzijdigheid van een wederzijds gesteunde en werkelijk onafhankelijke relatie.

Bij het eerste begin van afwijzing zul je je echter tot in de kern van je persoonlijkheid terugtrekken, en worden de verschillen die jullie samenzijn eens stimuleerden tot blokkades – tenzij je allebei weet hoe je die blokkades kunt doorbreken.

Op dat moment is het van het grootste belang dat je nog weet: (1) hoe je met elkaars afwijzingsstemming moet omgaan en (2) hoe je je op elkaars stemmingsfrequentie moet afstemmen.

Als je op dit punt van de respondeerfase bent aangekomen, heb je het punt van wederzijdse acceptatie al bereikt, wat ook het uiteindelijke doel is van de techniek van begrijpen, reageren en responderen.

'De drie oogwitten'

Van de ogen wordt wel gezegd dat ze het venster van de ziel zijn. In een heel bepaald geval zijn ze dat ook, en wel op overduidelijke wijze.

De ogen van iemand die in grote geestelijke nood verkeert, vertonen vaak een onnatuurlijk randje wit tussen het onderste ooglid en de iris; wanneer zo iemand recht vooruit kijkt, verschijnt niet alleen aan beide kanten van de iris, maar ook eronder, een stukje wit.

Dit verschijnsel was duidelijk te zien bij president John F. Kennedy toen hij zich in oktober 1962, op het hoogtepunt van de Cuba-crisis, via de televisie tot de natie richtte.

Terwijl de spanning op zijn gezicht en in zijn stem iets zei van de immense politieke en diplomatieke druk waaronder hij stond om het probleem in het voordeel van het Westen op te lossen, verraadden de 'drie oogwitten' iets van de enorme morele en geestelijke angst die hij persoonlijk ervoer bij de gedachte dat hij mogelijk een nucleaire ramp op zijn geweten zou hebben.

Toen de crisis was bezworen, namen Kennedy's ogen hun normale verschijningsvorm weer aan.

Charles Manson, de veroordeelde Californische sekteleider en moordenaar uit de jaren zestig, is geestelijk en emotioneel zodanig gestoord, dat de 'drie oogwitten' bij hem permanent zichtbaar zijn.

Voor dit verschijnsel zijn enkele oorzaken van medische oorsprong te noemen (bijvoorbeeld een overmatige werking van de schildklier), maar over het algemeen wordt het alleen gezien bij iemand die onder hoge spanning staat en die een vreselijke geestelijke of emotionele strijd voert.

Als tijdens een moeilijke periode in je relatie bij je partner plotseling de 'drie oogwitten' zichtbaar zijn, vergeet dan je eigen problemen. Hij verdient alle genegenheid die je hem kunt bieden.

13

Verschillen: het hoogste goed in elke relatie

Tot slot

De meest voor de hand liggende – en tragische – conclusie van een misgelopen of uitdovende relatie is dat het misliep vanwege de onverzoenlijke verschillen tussen de partijen. Alsof het op een bepaalde manier van het begin af aan verkeerd was een relatie aan te gaan met iemand die heel anders is.

Toch kunnen de liefde en het leven alleen door verschillen bloeien. Gelijkheid werkt afstompend. Verschillen trekken ons aan door de belofte van verrassing, stimulering, een nieuw bewustzijn en een rijker begrip, die ze in zich hebben. Gelijkheid is alleen maar saai.

Voldoening in een relatie vinden, betekent niet dat we erop moeten hopen dat de ander ten slotte net zo blijkt te zijn als wij. Waaraan voldaan moet worden, is de hoop dat hij ànders zal zijn, en dat de gecombineerde verschillen tot een levendige eenheid zullen leiden die uiteindelijk meer opwinding en bevrediging schenkt dan de afzonderlijke delen.

Het is triest dat die verschillen tussen twee individuen – die aanvankelijk de bron waren van zo veel wederzijdse aantrekkingskracht, die zo veel verrukking opwekten, die elkaar met zoveel warmte en troost aanvulden en die zó verzoenend werkten – uiteindelijk worden aangewezen als de oorzaak voor het uiteenvallen van de relatie.

Ergens onderweg werden die verschillen niet meer geaccepteerd, met verbazing ontvangen, gewaardeerd en bemind. Ze werden niet meer gezien als aanvullend en wederzijds bemoedigend. In plaats daarvan werden ze als vanzelfsprekend beschouwd, als een uiting van dwarsliggerij. Ze begonnen irritaties op te roepen. Hoe vaker deze twee hoogst individuele personen, die ooit een uiterst bevredigende relatie hadden, met elkaar in botsing kwamen, hoe onverzoenlijker ze tegenover elkaar kwamen te staan.

Er wordt vaak gesteld dat we zulke hoge verwachtingen van een relatie hebben, dat ze niet meer realistisch te noemen zijn. Ze zijn inderdaad onrealistisch als we niet bereid zijn die verwachtingen waar te maken, net zo goed als we bereid zijn om in andere situaties, bijvoorbeeld in onze carrière, verwachtingen waar te maken.

Aan 'verschillen' gaat een relatie niet kapot. Een relatie gaat kapot door de weigering te accepteren dat er verschillen zijn, en dat ze in feite het hoogste goed van de relatie zijn.

De structuur van de hele wereld is gebouwd op verschillen. Het is juist het samenkomen van these en antithese die de synthese van het geheel tot leven brengt.

Beweren dat verschillen onnatuurlijk zijn, is zoiets als proberen klonen van jezelf te maken: exacte spiegelbeelden. Een ander dwingen zich als jou te gedragen, is louter een manier om hem te vervreemden, want hij ìs niet net als jij! Onverenigbare verschillen blijken vaak helemaal niet zo onverenigbaar te zijn: het zijn oppervlakkige en egocentrische verwachtingen van gelijkheid, die niet met de realiteit te verenigen zijn.

De werkelijke oorzaak van het mislopen van een relatie is het egoïstische gebrek aan belangstelling voor de verschillen in de ander, en de poging hem door tirannie of manipulatie te dwingen zich als jou te gedragen.

Zoals we hebben gezien, loopt er niet één persoonlijkheidstype op de wereld rond, maar wel vier. Iemand dwingen zich als een ander te gedragen, is even dwaas als een kat vragen als hond door het leven te gaan.

Kortom, je hebt er maar mee te leven. Aan jou de keus hoe je deze verschillen wilt zien: als bron van verwondering, stimulatie en steun, of als oorzaak van irritaties, woede en vervreemding.

Een succesvolle benadering

In elke relatie moeten we ons gedragen als een bezoeker die de gebruiken en gewoonten van de buitenlanders (de andere persoonlijkheidstypen) zorgvuldig heeft bestudeerd, hen goed voorbereid tegemoet treedt en hen niet dwingt te doen zoals hij 'thuis' doet. In plaats daarvan leert hij van hen, en misschien komt hij nog wel tot de ontdekking dat ze sommige dingen beter doen dan hijzelf.

Dan kan het gebeuren dat de buitenlanders, op hun beurt, verrast en gecharmeerd reageren.

Zoals een onbevooroordeelde vermenging van verschillende culturen kan leiden tot een rijk en gevarieerd web dat de verschillende delen prachtig tot hun recht doet komen, kan het samenkomen van twee persoonlijkheden, met hun eigen manier van denken en voelen, praten en doen, leven en zelfs liefhebben, een schitterend mozaïek van liefde opleveren.

Omdat we er niet op voorbereid zijn, slagen we daar echter maar zelden in.

We zouden nooit een vreemde cultuur met een onbekende taal en andere gebruiken binnenstappen zonder ten minste een reisgids mee te nemen of van enige elementaire informatie over de afwijkende gewoonten kennis te nemen. Toch storten we ons voortdurend zonder enige voorbereiding in nieuwe relaties, in de hoop dat 'er iets gebeurt' waardoor alles goed zal gaan.

Zonder kennis, voorzorg en planning zal er 'niets gebeuren'. Zonder diepgaande kennis van de techniek van begrijpen, reageren en responderen is er niets – geen ijdele hoop, geen huwelijkstherapeuten, geen meelevende vrienden – waardoor alles 'goed zal gaan'.

We moeten de ander begrijpen om te ontdekken wie hij is, waarom hij op zijn manier denkt en voelt, en hoe hij zijn gedachten en gevoelens tot uitdrukking brengt; we moeten zijn ware boodschap ontcijferen door:

- zijn persoonlijkheidstype te herkennen en te identificeren, en
- te leren inzien hoe hij met zijn afwijzingsstemming zijn persoonlijkheid en behoeften tot uitdrukking brengt.

Dan kunnen we rechtstreeks reageren op wie die ander is, op wat hij denkt en voelt, en aan zijn ware boodschap tegemoet komen door:

- ons eigen persoonlijkheidstype te herkennen en te identificeren;
- te beseffen dat het beeld dat de ander van ons heeft, anders is dan het beeld dat we van onszelf hebben;
- zijn stemmingsfrequentie te gebruiken om met hem te communiceren en zijn behoeften te bevredigen.

Zo stellen we die andere persoon in staat op ons te responderen en in te zien wie we zijn, waarom we op onze manier denken en voelen en hoe we dat tot uitdrukking brengen. Hij kan zich dan richten op de ware boodschap achter onze stemmingsfrequentie, en onze behoeften op onze manier beantwoorden. Dit kunnen we bereiken door:

- uit te leggen hoe het komt dat we zijn manier van denken, voelen en communiceren begrijpen;
- de manier waarop ieder van ons denkt, voelt en zijn bedoelingen overbrengt met elkaar te vergelijken;
- samen uit te zoeken hoe en wanneer die verschillen aantrekkelijk zijn of juist afstotend werken, en
- opnieuw en diepgaander te ontdekken waarom onze verschillen zo belangrijk zijn voor een wederzijds bevredigende relatie.

Het belangrijkste is, dat als we ooit tegemoet willen komen aan die fundamentele menselijke behoefte om onze hoop, onze dromen en angsten in de geest van ware liefde met elkaar te delen, we moeten leren ons op de stemmingsfrequentie van de ander af te stemmen.

Bij een gevoelstype:

- Praat met hem in termen van gevoelens.
- Let op zijn fysieke reacties.

- Wees vriendelijk, beleefd en meelevend.
- Praat langzaam en op zachte toon.
- Kom met één idee per keer.
- Probeer hem niet te domineren of ergens toe te dwingen.
- Wees geduldig, haast hem niet en val hem bij pauzes niet in de rede.
- Vraag hem rechtstreeks wat hij denkt.
- Luister vooral naar wat hij zegt.

Bij een gedreven type:

- Wees oprecht in woord en daad.
- Denk en praat sneller.
- Wees concreet, niet abstract, in wat je zegt. Neem je toevlucht tot voorbeelden uit de werkelijkheid om je standpunt of mening te staven.
- Wees direct, bondig en kom snel ter zake.
- Wees assertief en geef niet toe.
- Laat hem altijd het verloop en de richting van het gesprek bepalen (tenzij je er zeker van bent dat je hem kunt domineren).

Bij een analytisch type:

- Gedraag je in geestelijk, emotioneel en fysiek opzicht rustig en beheerst.
- Bundel je mentale vaardigheden, denk logisch en helder.
- Presenteer je ideeën altijd duidelijk en bondig in de vorm van feiten die voor of tegen hem pleiten.
- Breng structuur aan in je gedachten, zodat je gericht tegen hem kunt praten.
- Praat nooit vanuit je emoties en toon geen gevoelens.
- Oefen geen kritiek op hem uit, veroordeel hem niet.
- Confronteer of domineer hem niet.

Bij een elitair type:

- Behandel hem met respect en gepaste eerbied.
- Probeer hem niet te domineren of naar je hand te zetten.
- Wees helder en geconcentreerd in je denken als je met hem praat.
- Richt je meer op de 'grote lijnen' dan op details.
- Bekijk die grote lijnen vanuit elk perspectief: intellectueel en emotioneel, theoretisch en praktisch, persoonlijk en onpersoonlijk.
- Wees nooit onbeleefd, lomp, slechtgemanierd of onbehoorlijk.
- Reageer altijd met medeleven op zijn depressiviteit.

Uitnodiging aan de lezer:

In tegenstelling tot veel van de zogenaamde 'zelfhulp'-boeken die veel beloven en weinig geven, biedt *Succesvol communiceren* een praktische manier om relaties te vinden, te verdiepen en te verbeteren, die in de praktijk ook werkt.
Succesvol communiceren kan levens veranderen.
Voor eventuele vervolgboeken in deze serie nodigen wij lezers die willen vertellen hoe dit boek hun eigen leven in belangrijke mate heeft beïnvloed uit om te schrijven naar:

D. Glenn Foster and Mary Marshall
P/a Hyperion Publishers
114 Fifth Avenue
New York
NY 10011

Op verzoek is anonimiteit gewaarborgd.

Aanhangsel: de taal van de stemmingen

De verbale en non-verbale uitingen van de woedestemming, de depressiestemming, de marchandeerstemming en de ontkenningsstemming, en hoe ze in conflictsituaties worden aangewend om anderen af te leiden, te manipuleren en te beheersen.

Woede

Relevante emoties: frustratie, afkeer, verontwaardiging, irritatie, ongerustheid, wraak

Worden gebruikt om:

- zich tegen afwijzing te weren
- opgebouwde stress of frustratie door ventileren kwijt te raken
- verantwoordelijkheid van zich af te schuiven
- controle over de informatiestromen te behouden
- de ander te domineren en te manipuleren
- de emoties en de zwakke punten in de logica van de ander aan te vallen
- stress bij de ander te veroorzaken
- zich niet door de emoties van de ander te laten beïnvloeden
- zijn zin door te drijven

Opmerking: woede is de emotie die het vaakst wordt voorgewend, omdat men er het gemakkelijkst iemand mee van zich af kan schudden.

De taal van het lichaam bij woede

Ademhaling: wordt sneller en dieper, kan zelfs korte tijd stoppen.

Verkleuring van de huid: er verschijnen rode vlekken die bij onbeheerste woede 'paars aanlopen' doordat de onderhuidse haarvaatjes in gezicht en nek uitzetten.

Bij ingehouden woede wordt de huid bleek doordat de haarvaatjes worden dichtgeknepen.

Houding en spierspanning: opgericht doordat de rugspieren worden aangespannen.
De grotere spiergroepen trekken samen doordat het bloed via deze krachtiger groepen door het lichaam wordt getransporteerd.
Een of beide schouders worden opgetrokken.
Bewegingen worden 'schokkerig'.

Territorium-zones: bij ziedende woede wordt meer gebruik gemaakt van de intieme zone of wordt er voortdurend van zone gewisseld.
Bij kille woede wordt alleen de maatschappelijke of de publieke zone gebruikt.

Ogen: kijken fel en hard.
Staren kil en uitdagend.
Proberen een tegenstander de ogen te doen neerslaan – om hem te domineren en onder controle te houden.
Staren bijna zonder knipperen, met als doel te manipuleren.
Staren kil met een bevroren blik van gelukzaligheid op het gezicht.
Spieren rond de ogen zijn gespannen.
Aan de zijkant van één of beide ogen kan een spiertje gaan trekken, wat op onderdrukte woede wijst.
Bovenste en onderste ooglid kunnen tot een spleetje samengetrokken zijn.
Het oogwit onder de irissen kan zichtbaar worden (zie kader blz. 190).

Wenkbrauwen: worden samengetrokken en vormen een frons boven de ogen, of worden opgetrokken zodat (starende) ogen groter lijken.

Voorhoofd: verticale rimpels bij samengetrokken wenkbrauwen, horizontale rimpels bij opgetrokken wenkbrauwen.
Bij de slapen kan een kloppend adertje zichtbaar zijn.

Mond: lippen naar binnen getrokken of samengeperst.
Bijten op lippen of tong om woede onder controle te houden.
Knarsende of op elkaar geklemde tanden.

Neus: neusvleugels opgezwollen en mogelijk gesperd.
Snelle, duidelijk hoorbare in- en uitademing.

Hoofd: kaak steekt naar voren en hoofd wordt recht naar achteren gehouden.
Kaakspieren zijn gespannen en kunnen kloppen.

Hoofd wordt bij luide, diepe inademing opzij gedraaid.
De hand vormt een 'L': duim onder de kin en wijsvinger tegen de slaap.

Armen: worden dicht tegen het lichaam gehouden of, met hoog opgetrokken schouders, hoog voor de borst gekruist, eventueel worden de vuisten daarbij gebald.

Handen: worden wijzend of druk bewegend vlak bij de ander gehouden.
Beuken, slaan of trommelen op onbezielde voorwerpen.
Wel of niet zichtbaar tot vuisten gebald.
Handen worden met uitgestoken ellebogen op de heupen gehouden.
Bij mannen wijzen de vingers soms naar de genitale zone, een klassieke pose die op woede, agressie of dominantie duidt.
Handen wrijven over de achterkant van de nek, wat mogelijk een gewelddadige reactie aankondigt.
Handen worden met gestrekte vingers in een biddend gebaar tegen elkaar gedrukt als teken van minachting voor de ander.

Benen: vormen het cijfer 4: enkel van het ene been rust op knie van het andere – om de ander van zich af te houden.
Benen over elkaar gekruist, waarbij het onderste deel van het bovenste been snel heen en weer beweegt – vooral bij vrouwen een teken van toenemende woede.
Benen en knieën beginnen te trillen.

Voeten: vormen een V: hakken tegen elkaar en tenen naar buiten (militaire houding).
Voeten beginnen op de grond te tikken als teken van irritatie of ongeduld.

De taal van de stem bij woede

Spraakkenmerken: bij ziedende (onbeheerste) woede: door een versnelling van het denkproces gooit de spreker de woorden in moordend tempo naar buiten, springt met half afgemaakte zinnen van onderwerp naar onderwerp, struikelt over zijn woorden, stamelt en stoot betekenisloze klanken uit.
Bij kille (onderdrukte) woede worden de woorden langzaam, op duidelijke, koele toon en met heel veel nadruk uitgesproken naarmate de behoefte om de ander onder controle te houden toeneemt.

Toon: dreigend, sarcastisch, spottend, bombastisch, autoritair, harteloos.

Tempo: neemt bij ziedende woede toe, bij kille woede af.

Volume: neemt bij ziedende woede nadrukkelijk toe, bij kille woede nadrukkelijk af.

Toonhoogte: neemt door innerlijke spanningen toe (keel wordt soms geschraapt om toonhoogte te corrigeren).

Wat er wordt gezegd: alles om de ander te kwetsen: wie hij is, waar hij voor staat, zijn logica, zijn emoties, zijn waarden, zijn positie.
Werkelijk àlles wat de ander zegt, wordt aangevallen.
Triviale, onbeduidende details worden tot mikpunt gekozen.

Depressie

Relevante emoties: verdriet, ongerustheid, zelfmedelijden, minachting voor zichzelf, angst, spijt, smart

Worden gebruikt om:
- te vluchten voor afwijzing
- zichzelf aan te vallen
- zich tegen verdere aanvallen te beschermen (zich afsluiten)
- zichzelf te troosten en te steunen
- zichzelf te vergeven dat men niet in staat is de situatie te verbeteren
- sympathie op te wekken en de ander met manipulatie tot aansluiting te bewegen
- uiting te geven aan zijn verdriet

De taal van het lichaam bij een depressie

Ademhaling: wordt dieper, langzamer en meer geaccentueerd om de ander duidelijk te maken dat men depressief is.

Houding: slap en neerhangend, met slome, trage bewegingen.

Spierspanning: zeer minimaal.

Territorium-zones: intieme of persoonlijke zone wanneer aansluiting wordt gezocht; maatschappelijke of publieke zone als men alleen wil zijn.

Ogen: mat en lusteloos.
Steeds minder oogcontact.
Normale knippersnelheid is verstoord.
Heftige huilbui is mogelijk.

Wenkbrauwen: neerhangend.

Voorhoofd: er verschijnen drie tot vijf diepe rimpels.
Mond: lippen hangen slap, mogelijk hangen de mondhoeken naar beneden.
Trillende lippen – om een huilbui tegen te gaan of juist aan te kondigen.

Hoofd: kin zakt naar beneden.
Het hoofd wordt vaker met de handen aangeraakt, vooral veel wrijfbewegingen.
Vaak wordt het hoofd tussen de handen gehouden.

Handen: wrijft zich in de handen.
Wrijft over de binnenkant van zijn dijen om zichzelf te troosten.
Raakt vaak zijn gezicht aan, wrijft over zijn ogen, bedekt ogen of mond, wrijft langs zijn hoofd, houdt zijn hoofd vast.
Bij ernstige depressie: 'zelfmoordgebaar' (uitgestrekte wijsvinger bij de slaap, rest van vingers samengeknepen in 'pistool-houding').

De taal van de stem bij een depressie

Spraakkenmerken: stokkende stem; zinnen worden afgebroken en vanaf het begin of midden weer voortgezet; gedachten worden herhaald of sterven weg; gebrekkige logica; veel pauzes en aarzelingen.
Naarmate de persoon zich meer afzondert, is hij moeilijker te verstaan.
Er is sprake van verwarring, vervorming, verkeerde interpretaties; vaak zijn hele delen compleet onverstaanbaar.

Toon: vol zelfmedelijden, sarcastisch, kleinerend ten opzichte van zichzelf, gekrenkt, gekwetst.

Toonhoogte, tempo en volume: nemen af wanneer de eigen pijn wordt gevoeld, nemen toe wanneer men erover probeert te praten en aansluiting zoekt.

Wat er wordt gezegd: alles om zichzelf te pijnigen:
Wat dit conflict hem persoonlijk kost, hoezeer men erdoor wordt geraakt.
Spijtbetuigingen over het verleden en sombere voorspellingen voor de toekomst.
Hoe andermans opmerkingen hem kwetsen.
Dat men niet meer gewoon kan slapen of eten.
Hoezeer zijn gezondheid onder het conflict lijdt.

Marchanderen

Relevante emoties: angst, ongerustheid, paniek

Worden gebruikt om:
- te vechten tegen en te vluchten voor afwijzing
- het conflict onschadelijk te maken
- voor zichzelf een dealtje te sluiten
- een frontale aanval om te buigen en tegen te gaan
- afwijzing te ondermijnen en een halt toe te roepen
- eigen ontkenning af te schermen en eigen woede te maskeren
- acceptatie te simuleren en zogenaamd een onderworpen positie in te nemen
- te manipuleren
- de ander te sussen door diens behoeften voorrang te geven
- vertrouwen te wekken en aansluiting af te dwingen
- de ander van de onrechtvaardigheid van de situatie te overtuigen.

De taal van het lichaam bij marchanderen

Ademhaling: tempo wordt iets versneld.

Houding: wordt smekend en vleierig.
Vertoont onderwerpend gedrag – in de hoop dat de ander dat overneemt.

Territorium-zones: beweegt zich doorgaans in intieme of persoonlijke zone.

Ogen: nadrukkelijk oogcontact.
Ogen drukken – gemeende of valse – oprechtheid uit.
Slaat de ogen ten hemel om te zeggen: 'Je móet me geloven, ik kan nu niet anders.'
Misplaatste huilbui om extra te manipuleren.

Wenkbrauwen: expressief, ter benadrukking van manipulatie.

Mond: glimlacht vaak, gewoonlijk alleen met ontblote boventanden (niet echt).
Veel glimlachjes om te manipuleren.
Bij het gewenste effect blijft de glimlach langer op het gezicht.

Hoofd: wordt schuin gehouden om belangstelling te tonen voor wat er wordt gezegd.

Handen: een of beide handen in gebaar van hulpeloosheid of wanhoop omhooggeheven.
Handpalmen vaak open naar boven gekeerd.
Met naar boven gekeerde handpalm de haren naar achteren strijken (bij vrouwen vaak een flirtsignaal).

Voeten: met de tenen naar elkaar gekeerd en hoofd iets schuin geschouden – om seksuele belangstelling te tonen.

De taal van de stem bij marchanderen

Spraakkenmerken: alles wordt op overvriendelijke wijze gezegd: beleefd, minzaam, met aandacht, aardig, voorkomend, lief.
Praat vaak vleiend of flirtend.
Boodschap gaat vaak gepaard met onechte en overdreven lachjes.

Toon: vleierig, verzoenend, oprecht, vol vertrouwen, niet-bedreigend.

Toonhoogte: laag.

Volume: zacht en beheerst.

Tempo: langzaam ter benadrukking of snel om zogenaamd enthousiasme tot uitdrukking te brengen.

Wat er wordt gezegd: alles om het belang van de ander te benadrukken en op te waarderen, en het eigenbelang naar de achtergrond te dringen.
Laat zich in lovende bewoordingen over de ander uit, maakt veelvuldig gebruik van koosnaampjes en volledige titels.
Alles waarmee een aanval kan worden afgewend: ziekte, slecht welzijn, medische behandelingen, zenuwen, hoge bloeddruk.
Religieuze, morele of ethische piëteit, inclusief complimentjes van anderen aan het eigen adres.
Alles waarmee de ander voor zich kan worden gewonnen: andermans problemen voorrang geven, begrip hebben voor andermans standpunt, op kleine punten toegeven; beloften doen over wat er in de toekomst gaat gebeuren (vaak een presentje of de belofte van een presentje).
Alles waarmee kan worden geflirt en gevleid.

Ontkenning

Opmerking: er zijn twee soorten ontkenning:
1. zichzelf de waarheid ontzeggen, ofwel zelfbedrog;
2. anderen de waarheid ontzeggen, ofwel liegen.

Relevante emoties: angst, ongerustheid, woede, afkeer, minachting, achterdocht, twijfel.

Worden gebruikt om:
- te vluchten voor afwijzing
- zich af te sluiten voor de waarheid of haar te ontkrachten
- een situatie, onderwerp of persoonlijkheid waar dreiging van uitgaat te mijden
- een objectieve kijk op de waarheid te omzeilen
- zichzelf te beschermen door zich af te sluiten voor de gevolgen van onaangename emoties en gedachten
- tegen anderen of zichzelf te liegen
- de weigering om een ander standpunt in te nemen te rechtvaardigen
- door anderen te worden geaccepteerd door hen ervan te overtuigen dat zíjn visie de enige juiste is
- bij een confrontatie met de waarheid tijd te winnen
- de overige afwijzingsstemmingen te ondersteunen en op andere manieren te manipuleren

De eerste vorm van ontkenning gaat met minder signalen gepaard omdat hij beter onder controle kan worden gehouden en minder stress met zich meebrengt.

De tweede vorm van ontkenning gaat met meer signalen gepaard omdat hij minder goed onder controle kan worden gehouden en het volhouden van een leugen meer stress met zich meebrengt.

De taal van het lichaam bij ontkenning in geval van een confrontatie

Ademhaling: neemt bij de eerste vorm toe, blijft bij de tweede vorm gelijk. Het plotseling inademen van een hap lucht wijst op schrik of verrassing bij een confrontatie.

Houding en spierspanning: bij een confrontatie buigt of draait het lichaam opzij.
De bewegingen worden plotseling stijf en gespannen, en dit verschijnsel neemt toe naarmate de confrontatie feller wordt (bij de tweede vorm van ontkenning zijn deze bewegingen minder duidelijk en beter beheerst).

Territorium-zones: bij de eerste vorm is er een voorkeur voor de buitenste zones, bij de tweede vorm voor de binnenste zones – voor een betere controle en meer nadruk.

Ogen: tonen een bezorgde uitdrukking omdat de eigen werkelijkheid niet wordt geaccepteerd.
Langduriger oogcontact om met een 'eerlijke blik' aan te geven dat men de waarheid vertelt, of juist veelvuldige onderbreking van het oogcontact om kleding of sieraden te schikken, een horloge op te winden, haren of pluisjes van kleding of meubels te plukken, een bril te poetsen of recht te zetten – feitelijk alles waarmee een directe confrontatie kan worden voorkomen.
Pupillen vernauwen zich.
De ogen gaan sneller knipperen.

Mond: gespannen. Als men niet praat, worden de lippen krampachtig op elkaar gehouden.
Bij haperingen schiet zijn hand voor zijn mond.

Wenkbrauwen: bij de eerst vorm, zichzelf de waarheid ontzeggen, kan één wenkbrauw worden opgetrokken terwijl de andere op haar plaats blijft. Dit wijst op ontkenning en achterdocht ten opzichte van het gespreksonderwerp, en op enorme twijfels en achterdocht ten opzichte van de woorden van de ander.
Optrekken van beide wenkbrauwen wijst op schrik en uit balans raken.

Neus: aanraken van het onderste deel van de neus met duim en wijsvinger tegen kriebels, het Pinocchio-syndroom – men is bereid in te zien dat men het misschien bij het verkeerde eind heeft, maar probeert nog de schijn van ontkenning op te houden (zie blz. 70).

Hoofd: wordt vaak door de handen ondersteund.
Het gezicht wordt vaker aangeraakt, vooral het ovale gebied tussen onderkaak en neuspunt, met de nadruk op de zijkanten van de mond.

Armen: liggen dicht tegen het lichaam, ter bescherming van het bovenlijf.

Handen: men slaat met één hand van zijn lichaam af om een idee, opvatting of vraag weg te wuiven (doorgaans bij de eerste vorm).
Eén of beide handen worden met de handpalmen naar boven in de lucht gestoken om iets te benadrukken waarin men zelf niet gelooft; gaat vaak gepaard met diep inhaleren als teken van minachting en om tijd te rekken.

Benen: worden bij de eerste vorm van ontkenning afwisselend gekruist en naast elkaar gezet om tijd te rekken en opgebouwde energie af te voeren.
In zithouding wordt er één been vóór de andere persoon uitgestrekt.

De taal van de stem bij ontkenning in geval van een confrontatie

Spraakkenmerken:

Spraakstoornissen:

Gebrabbel van woorden – bij de eerste vorm van ontkenning – vanwege warrige gedachtengang doordat men niet goed voorbereid is.

Stamelen en stotteren; veelvuldig gebruik van 'ah', 'uh', 'eh' en 'mmm'; het uiten van klanken die geen woorden zijn – bij beide vormen van ontkenning om tijd te rekken.

Weglaten van achtervoegsels.

Gebrekkige taalbeheersing:

Verbetering van zinnen op eigen initiatief, en veelvuldige herhaling van de inhoud van die zinnen – bij de tweede vorm, als men het gevoel heeft te veel of te weinig te hebben gezegd.

Praten in onvolledige zinnen, zinnen vanaf het midden herhalen, heen en weer springen in een zin – bij beide vormen van ontkenning, als de ander laat merken niet overtuigd te zijn.

Woorden afbijten of weglaten – bij beide vormen, om zo min mogelijk te hoeven zeggen en het gesprek onder controle te houden.

Veelvuldig verwisselen van voornaamwoord: van enkelvoud naar meervoud, en andersom.

Geestelijke blokkades:

Plotselinge onvermogen zich dingen te herinneren: 'Ik weet het niet meer', 'Ik denk van niet', 'Niet dat ik weet' – met een selectief geheugen kan men tijd winnen om zijn verhaal (alibi) kloppend te maken, bij beide vormen van ontkenning aan het begin van een confrontatie.

Plotseling toegenomen woordenschat:

Men maakt gebruik van woorden, uitdrukkingen of zinnen die men gewoonlijk niet gebruikt – bij de tweede vorm, om zijn versie van de waarheid geloofwaardiger te maken.

Woorden als 'echt', 'meestal', 'gewoonlijk', 'bijna', 'nauwelijks', 'bijna nooit' worden nu voor het eerst gebruikt – om om zijn ontkenning heen te draaien.

Bij de tweede vorm, het gebruik van uitdrukkingen die eigenlijk het tegendeel betekenen van wat er wordt bedoeld: 'om je de waarheid te zeggen', 'als ik helemaal eerlijk ben', 'eerlijk gezegd', 'direct zijn', 'vrijuit praten'.

Drastische smeekbeden om zijn standpunt te bewijzen: 'Moge God me straffen.'

Gebruik van de derde persoon: 'anderen', 'zij', 'hun', 'iedereen', 'niemand' – als teken dat zijn waarheid algemeen bekend is en om zichzelf vrij te pleiten, bij beide vormen van ontkenning.

Het normale gesprekspatroon raakt verstoord:

Opmerkingen of vragen van de ander worden afgekapt omdat men diens versie van de waarheid niet wil horen of diens reactie op de eigen

ontkenning niet wil zien, bij de eerste vorm van ontkenning.
Herhalen van aan hem gestelde vragen, het beantwoorden van een vraag met een wedervraag, de aan hem gestelde vraag anders verwoorden en vragen of het zo klopt, doen alsof men de vraag niet begrijpt, de ander verzoeken de vraag te herhalen – bij beide vormen van ontkenning om tijd te winnen.

Tempo: bij beide vormen trager als de inhoud wordt gewogen.
Bij de tweede vorm sneller bij het presenteren van een al eerder gebrachte weldoordachte leugen – om alle informatie eruit te gooien.

Volume: bij de eerste vorm iets meer, bij de tweede vorm iets minder.

Toonhoogte: hoger, uit protest. Bij de eerste vorm meer dan bij de tweede.

Wat er wordt gezegd: alles om de ander ervan te overtuigen dat men geen reden heeft de ander of zichzelf iets voor te liegen.
Men doet uitspraken ten aanzien van oprechtheid, integriteit, eerlijkheid of godsdienstigheid.
Men vertelt uit eigen beweging wat men níet heeft gedaan of zal doen.
Men komt vaker met kleinerende opmerkingen over anderen.
Andere mensen, plaatsen, dingen of beweegredenen worden eerder negatief dan positief beschreven.
Alles wordt meer op basis van emoties besproken dan op basis van feiten.

De auteur heeft voor dit boek de volgende bronnen geraadpleegd:

Barbara Walters: An Unauthorized Biography, Jerry Oppenheimer (St. Martin's Press, 1990), blz. 114.

From Where I Sit: Merv Griffin's Book of People, met Peter Barsocchini (Pinnacle Books, 1982), blz. 198.

The Great TV Sitcom Book, Rick Mitz (Richard Marek Publishers, 1980), blz. 262 en 263.

'Hugh and Barbara Talk About Each Other!', een artikel van Alan Ebert in *Good Housekeeping*, januari 1992.

'Kissinger', een artikel van Oriana Fallaci in de *New Republic*, 16 december 1975.

Kissinger, Marvin Kalb en Bernard Kalb (Little, Brown and Company, 1974), blz. 11 en 12.

Kissinger: A Biography, Walter Isaacson (Simon and Schuster, 1992).

Murphy Brown, Anatomy of a Sitcom, Robert S. Alley en Irby B. Brown (Delta, 1990), blz. 248 en 249.

'A President-Elect Who Has a Winning Way with People', *The New York Times*, 4 november 1992.